高等职业教育工作手册式新形态教材

广告创意与策划

ADVERTISING CREATIVITY PLANNING

王天岚　编著

中国轻工业出版社

图书在版编目（CIP）数据

广告创意与策划 / 王天岚编著. —北京：中国轻工业出版社，2024.8

ISBN 978-7-5184-4967-5

Ⅰ. ①广… Ⅱ. ①王… Ⅲ. ①广告学—高等职业教育—教材 Ⅳ. ① F713.80

中国国家版本馆CIP数据核字（2024）第094252号

责任编辑：陈　萍　　责任终审：李建华　　设计制作：锋尚设计
策划编辑：陈　萍　　责任校对：晋　洁　　责任监印：张京华

出版发行：中国轻工业出版社（北京鲁谷东街5号，邮编：100040）
印　　刷：艺堂印刷（天津）有限公司
经　　销：各地新华书店
版　　次：2024年8月第1版第1次印刷
开　　本：787×1092　1/16　印张：9.5
字　　数：240千字
书　　号：ISBN 978-7-5184-4967-5　定价：58.00元
邮购电话：010-85119873
发行电话：010-85119832　010-85119912
网　　址：http://www.chlip.com.cn
Email：club@chlip.com.cn

231107J2X101ZBW

前言

广告创意与策划是企业品牌推广和营销服务的重要手段之一，具有广泛的应用和市场需求。随着社会信息化和数字化的发展，广告行业已发展成集创意、策划、技术、艺术于一体的综合性行业。本教材的编写，正是顺应这一时代潮流，结合高职高专教育的特点，紧紧围绕“价值塑造、能力培养、知识传授”三位一体，将广告创意与策划的核心知识和技能按“知识目标—能力目标—工作任务—考核评价—教材内容—教材形式”进行了系统化设计，“广告创意与策划”课程内容模式以广告设计公司的工作任务为逻辑起点，力求让学生掌握策划与创意的技巧，培养懂策划、善创意的高素质综合型技术技能人才，为其未来的职业生涯奠定坚实的基础。

本教材遵循以学习者为中心和“互联网+”的理念，将数字化教学资源与纸质教材整体设计，教学目标体现行业需求，教学内容吻合工作任务导向，更好地服务于开展混合式教学，更好地实现学生进行“自主+探究+互动”的学习。同时，工作手册式新形态教材力求反映内容更清晰、灵活，知识点更系统、紧凑，案例更丰富。具体体现在以下方面。

1．立足时代，紧跟发展，进行教材建设整体设计

本教材以广告企业岗位能力为脉络、以工作过程为基础构建教材整体框架，并按照岗位所需的“知识、能力、素质”结构及人才培养规格，重构教材教学内容，突出实践能力和创新能力，提高学生在广告策略与创意中的创新思维和实践技能。

2．教材教学内容结构合理，创新工作手册式教材体系

本教材立足新时代背景，充分考虑了学生的学习兴趣和认知特点，对接行业企业广告策划实际工作流程，以项目为载体、工作任务为导向，创设多元载体。在教材内容的安排上力求做到有趣、生动、新颖，设置知识链接和拓展，进而将学习过程转化为对未来领域探索的过程。

3．“学、教、练、评”一体化呈现新形态教材形式

遵循技术技能人才成长规律，以“学生为中心、学习成果为导向、促进自主学习”的思路，通过项目、任务、案例等内容，系统设计知识传授与技术技能培养并重开发教材，统筹“学、教、练、评”一体化、数字化资源建设，推进新形态一体化教材建设。

4．融入课程思政元素，实现课程育人和思政育人双重目标

本教材积极践行立德树人的理念，充分体现时代需求，深化“三教”改革，以提高学生的沟通表达能力为显性目标，以培养学生的人文素养为隐性目标，将社会主义核心价值观中以爱国主义为核心的民族精神、以改革创新为核心的时代精神等有机融入各个任务，将知识技能的学习和思政教育融合在一起，形成知识传授与价值引领同频共振，实现课程育人和思政育人双重目标。

本教材由杭州科技职业技术学院教师王天岚编著，获杭州科技职业技术学院教材建设基金立项资助，并有一线教师与企业高级技术人员参与编写。本教材编写过程中得到了众多企业和同类专业院校的大力支持，参考和借鉴了有关书籍、图片资料以及国家现行规范和标准，在此一并致以衷心的感谢。

由于时间仓促，书中疏漏之处在所难免，敬请读者批评指正。

王天岚

目录

项目1 广告策划基本知识认知

导入案例 世界上最早的品牌广告在中国

项目2 广告市场调查

导入案例 可口可乐一次失败市场调研的启示

项目3
广告策划

导入案例 舒肤佳香皂的品牌营销战略

项目4
广告创意策略

导入案例 戴眼罩的男人——海塞威衬衫的绝妙创意

项目5
广告媒体策略

导入案例 媒体组合让百事可乐迅速打开中国市场

项目6 广告效果评估

导入案例 成功的宝洁 失败的润妍

项目1

广告策划基本知识认知

导入案例

世界上最早的品牌广告在中国

对于如今的广告而言，品牌是一个重要的组成部分，商家做广告的目的，就是希望有更多的人认识这个品牌，并且购买旗下的商品。不要以为品牌是现代人的发明专利，其实在中国古代就已经有品牌广告了，北宋时期山东济南的“刘家功夫针铺”，其标志性的“白兔儿”铜版广告，被认为是中国最早的品牌标识。据考证，这个品牌大约诞生于公元1127年，即北宋末年，它不仅是我国最早的品牌，更是迄今为止世界上最早的印刷广告实物。这一发现不仅展示了宋朝商业的繁荣，也为我们揭示了古代广告与品牌文化的早期形态。

铜版正中有店铺标记“白兔捣药图”，而且还有标注：“认门前白兔儿为记”，如图1-1所示。小小一块铜版，不仅清楚地说明了店铺的名称，同时还注明了店铺的经营范围。图片形象生动，文字简洁明了。铜版下方有广告词：“收买上等钢条，造功夫细针。不误宅院使用，转卖兴贩，别有加饶，谓记白。”北宋时，济南刘家功夫针铺的广告铜版，在形式和内容上，都是相当完备的广告佳作。同时，它也证明了北宋铜版雕刻印刷术的发展。

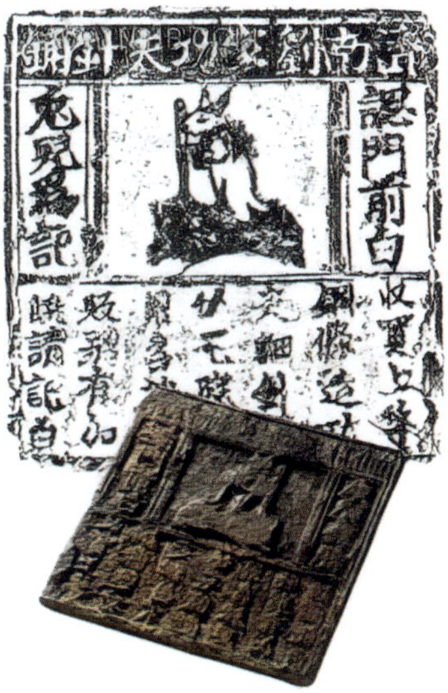

图1-1

广告，就是广而告之，即向社会广大公众告知自己的品牌。不管是古代还是现代，商品若想要卖出去，广告的形式是非常重要的。毕竟好的广告能让更多人记住自家的品牌，能让更多的顾客光临此店购买商品。

工作任务导入

工作任务要求	理解并掌握广告策划的基本概念；搜集全球性的、有影响力的广告公司资料，了解其状况、经营理念、业务范围，整理其代理客户的广告案例。通过深入了解广告公司的组织形式，找出之间的差异。 提高学生自主学习的能力、分析和解决问题的能力以及团队沟通的综合能力。同时培养学生认真负责的工作态度和耐心细致的工作作风
工作任务导入	本项目由2个工作任务组成，任务要求、形式及建议学时如下： 任务要求：明确任务书要求，搜集、学习、整理相关资料，进行总结，调查报告以PPT形式呈现。 任务形式：学习过程采用线上线下相结合，要有学习过程的照片、视频、文字资料、PPT。 建议学时：4学时。 工作任务1：案例分析，形成不少于1000字的文案，以小组为单位进行分析交流，2学时 工作任务2：广告公司情况调查，2学时
工作标准	1. 具备自主学习能力、收集与分析整理相关信息的能力。 2. 初步具备制订工作计划并按计划顺利完成任务的能力。 3. 使学生能认识到社会对广告专业人才需求的能力标准。 4. 具有较强的团队意识和客户意识。 对接方式：广告基本理论、方法，及与小组成员合作

小组协作分工

课前 根据班级人数，每组4～5人，按异质分组原则分组，协作完成工作任务，并在下面表格中写出小组内每位成员的专业特长与专业成长点。

组名	成员姓名	专业特长	专业成长点

知识导入

问题 1　平时生活中有没有活动策划的经验？

问题 2　结合图1-2所示活动或者品牌广告，谈谈你理解的广告策划。

图1-2

知识准备

1.1　认识广告策划

策划是通过周密的市场调查和系统的分析，利用已经掌握的知识（情报或资料）和手段，科学、合理、有效地布局营销及广告战略与活动进程，并预先推测和判断市场态势和消费群体定式的需求，以及未知状况的结果。策划的概念有5个要素：策划者、策划依据、策划方法、策划对象和策划效果的策定和评估。

广告运动过程的核心就是广告策划。所谓广告策划，是根据广告主的营销计划和广告目标，在市场调研的基础上，针对市场情况、产品状态、消费者群体，科学、合理、有效地制定广告活动行动方案，并加以评估、实施和检验，从而为广告主的整体经营提供良好服务的谋划活动。其过程是动态的工作程序，一方面为广告活动整体运作提供全面的指导，另一方面加强对广告运作全过程的监控，并贯穿于广告运作的始终，是广告宣传达到其预期目的的有力保证。

广告策划就是对提出的广告决策、实施广告决策、检验广告决策全过程作预先的考虑与设想，是对广告的整体战略与策略的运筹规划。广告策划不是具体的广告业务，而是广告决策的形成过程。

知识链接

广告策划与广告设计

定义不同：广告设计是一种职业，是在计算机平面设计技术应用的基础上，随着广告行业发展所形成的一个新职业。该职业的主要特征是对图像、文字、色彩、版面、图形等表达广告的元素，结合广告媒体的使用特征，在计算机上通过相关设计软件来实现表达广告目的和意图。

特征不同：广告设计是指从创意到制作的中间过程。广告设计是广告的主题、创意、语言文字、形象、衬托5个要素构成的组合安排。广告设计的最终目的就是通过广告来达到吸引眼球的目的。

广告策划，是根据广告主的营销计划和广告目标，在市场调查的基础上，制定出一个与市场情况、产品状态、消费群体相适应的经济有效的广告计划方案，并加以评估、实施和检验，从而为广告主的整体经营提供良好服务的活动。

分类不同：广告设计包括印刷品广告和印刷绘制广告。印刷品广告有报纸广告、杂志广告、图书广告、招贴广告、传单广告、产品目录、组织介绍。印刷绘制广告有墙壁广告、路牌广告、工具广告、包装广告、挂历广告。

广告策划可分为两种：一种是单独性的，即为一个或几个单一性的广告活动进行策划，也称单项广告活动策划。另一种是系统性的，即为企业在某一时期的总体广告活动策划，也称总体广告策划。

1.2 广告策划发展历程

广告策划作为一种有组织、有计划、有策略的信息传播活动，其发展历程随着社会经济环境变迁、科技进步及市场营销理念演进而不断深化和丰富。以下是广告策划自20世纪初至今的大致发展历程。

1.2.1　早期广告策划（20世纪初至第二次世界大战前）

（1）萌芽期

20世纪初期，随着工业革命的推进，商品大量生产和流通，企业开始意识到广告对于销售的重要性，广告形式逐渐丰富多样，但广告策划的概念尚未形成体系，更多依赖于直觉和经验。

（2）初步发展

20世纪20—30年代，美国广告业进入繁荣期，广告公司开始专业化运作，广告策划从简单的创意设计逐步过渡到更具策略性和目标性的营销活动。此时的广告策划主要基于对产品功能特点的挖掘，强调直接的产品诉求和视觉冲击力。如图1-3所示，20世纪初，可口可乐的经典广告语“请喝可口可乐”首次出现在报纸上，虽然当时还没有成熟的广告策划体系，但可口可乐已经开始尝试通过简洁有力的语言和重复曝光来打造品牌知名度和好感度，这种朴素而直接的广告方式在当时取得了显著的效果。

图1-3

1.2.2　现代广告策划的成形与发展（第二次世界大战后至20世纪70年代）

（1）科学化与理论化

第二次世界大战结束后，西方发达国家进入消费社会阶段，市场更加细分，消费者需求多样化。20世纪60年代，英国伦敦波利特广告公司创始人斯坦利·波利特首次提出“广告策划”，受到国际广告界的高度重视。广告策划开始引入市场调研、消费者行为研究等科学手段，更精确地定位目标市场和实现有效传播。同时，科特勒等营销大师的理论贡献，推动了广告策划向整体营销策略方向发展。

（2）整合营销传播理念的提出

20世纪60年代末至70年代初，整合营销传播（IMC）的理念开始崭露头角，广告策划不再孤立存在，而是成为企业整体营销策略的一部分，注重各种沟通工具的一致性和协同效应。

应用案例

甲壳虫汽车因其独特的圆弧形造型和“甲壳虫”的昵称而知名。在经历了无数次换代，甲壳虫汽车仍保持着最初的模样。甲壳虫汽车畅销全球，除了物美价廉的产品特性，其创新性的广告营销也有着不可磨灭的功劳。20世纪50年代，麦肯广告公司为大众甲壳虫汽车在美国市场的推广制定了经典的广告策划案。他们针对战后美国消费者的需求，提出了“Think Small”和“Lemon”等系列广告，颠覆了当时大型豪华车主导的市场观念，如图1-4所示。通过独具匠心的广告创意和精准定位，成功将小型经济型轿车打入美国市场，彰显了广告策划在产品差异化和市场定位中的重要作用。

图1-4

1.2.3　全球化与数字化时代的广告策划（20世纪80年代至90年代）

（1）全球化进程

随着全球经济一体化进程加速，跨国公司的崛起使得广告策划需要考虑跨文化、跨地域的差异，全球统一的品牌形象塑造和本土化的广告策略相结合，成为这一时期的显著特征。1984年，苹果公司在超级碗期间播出的《1984》广告片，是广告策划适应全球化和电视媒体影响力的典范之作。该广告片借鉴乔治·奥威尔的小说《1984》，用极具象征意义的画面描绘出Macintosh（麦金塔）电脑打破IBM垄断的形象，展现了一种全新的个人计算时代即将来临的景象，如图1-5所示。此广告策划不仅树立了苹果品牌的反叛和创新形象，还开启了电视广告大片的时代。

图1-5

（2）数字科技的应用

20世纪80年代起，计算机技术与多媒体技术的普及为广告策划带来了革新，互动式、数字化的新型广告形式开始涌现。1994年，HotWired网站首次引入横幅广告，标志着互联网广告的诞生，如图1-6所示。广告策划者开始探索如何利用数字化平台吸引用户注意力，提供新颖的交互体验，如AT&T公司的早期网络广告就是在这个阶段摸索前行的实例；如网络广告、电子邮件营销等，这要求广告策划者掌握新的技术和传播方式。

图1-6

1.2.4 21世纪广告策划的新纪元

（1）互联网时代下的变革

进入21世纪，尤其是Web 2.0之后，社交媒体、移动互联网、大数据、人工智能等技术深刻改变了广告业态，广告策划呈现出个性化、定制化、精准化的新趋势。社交媒体广告、内容营销、搜索引擎优化等新领域，让广告策划者面临全新的挑战与机遇。Google AdWords（现Google Ads）的推出，使得广告策划进入了关键词定向、竞价排名的新阶段。比如亚马逊等电商巨头就巧妙运用这一工具，根据用户的搜索行为进行精准广告推送，实现了广告策划的高度个性化和效果提升。

（2）数据驱动与效果导向

如今，广告策划越来越倚重数据分析和消费者洞察，借助大数据和算法进行精细化运营，实时监控广告效果，动态调整策略。此外，对于广告伦理、隐私保护等问题的关注也日益增强，促使广告策划更加注重可持续发展和社会责任。

综上所述，广告策划的发展历程是一部与社会经济发展紧密相连的历史长卷，从最初的经验型、单一化模式，逐步走向科学化、多元化、智能化的道路，始终紧跟时代步伐，不断创新和进化。Facebook于2007年推出了News Feed广告，广告策划者开始充分利用社交网络的数据优势，如Nike通过Facebook平台进行针对性极强的社会化营销活动，根据用户的兴趣、行为和社交关系精准投放广告，进一步推动了广告策划的个性化和精准化进程。

我国引入“广告策划”的概念大约是在20世纪80年代，改革开放政策实施后，中国传媒和广告行业开始迅速发展。在这个时期，中国开始引入西方的广告理念和管理模式。其中，广告策划作为一个重要环节逐渐受到重视，呼吁把现代广告策划引入中国的广告实践中，树立“以调查为先导，以策划为基础，以创意为灵魂”的现代观念。随着市场需求和消费者认知的不断变化，广告策划也在不断创新和完善，成为品牌推广、市场营销和传播活动中不可或缺的环节之一。随着互联网、数字营销和社交媒体的快速发展，中国的广告策划也在不断调整和拓展，适应新时代的挑战和机遇。

1.3 广告策划的原则

广告策划是一项复杂且精细的工作流程，其目的是有效传递品牌信息，影响消费者行为，达成预定的市场营销目标。它的成功与否取决于一系列严谨的理论指导原则以及灵活的实际应用。

（1）统一性原则

统一性原则，要求在进行广告策划时，从整体协调的角度来考虑问题，从广告活动的整体与部分之间相互依赖、相互制约的统一关系中，揭示广告活动的特征和运动规律，以实现广告活动的最优效果。广告策划的统一性原则，要求广告活动各个方面的内在本质上要步调一致；广告活动的各个方面要服从统一的营销目标和广告目标，服从统一的产品形象和企业形象。没有广告策划的统一性原则，就做不到对广告活动各个方面的全面规划、统筹兼顾，广告策划也就失去了存在的意义。

统一性原则具体体现在以下几个方面：广告策划的流程是统一的，广告策划的前后步骤要统一，从市场调查开始，到广告环境分析、广告主题分析、广告目标分析、广告创意、广告制作、广告媒体选择、广告发布，直到广告效果测定等阶段，都要有正确的指导思想来统领整个策划过程。广告所使用的各种媒体要统一，媒体与媒体之间的组合是有序的，不能互相抵触、互相矛盾，甚至在同一媒体上，广告节目与前后节目内容也要相统一，不可无选择地随便安排。产品内容的广告形式要统一，如商品本身是高档产品，那么广告中就不可出现“价廉物美”的痕迹。广告要与销售渠道相统一，广告的发布路线与产品的流通路线要一致，产品到达该地区而广告却没有发布，形成广告滞后局面，或者广告发布了，消费者却见不到产品。广告策划的整个活动过程是个统一的整体。

（2）调适性原则

随着市场环境变化和消费者需求的变动，广告策划应具有高度灵活性和适应性。具有可调适的余地。客观事物的发展与市场环境、产品情况并不是一成不变的，广告策划不可能面面俱到，也处于不断调整之中。调适性原则要求策划者拥有敏锐的市场洞察力和应变能力。只强调广告策划的统一性原则，忽视了调适性原则，广告策划必然呈现出僵死的状态，会出现广告与实际情况不一致的现象。广告策划的统一性原则，也要求广告策划活动要处于不断调整之中，以保证广告策划活动既在整体上保持统一，又在统一性原则的约束下，具有一定的动态过程。这样，策划活动才能与复杂多变的市场环境和现实情况保持同步或最佳适应状态。例如，Nike公司在面临疫情带来的市场环境剧变时，迅速调整了广告策略，将原来的线下大型活动转为线上虚拟体验，推出了“Play inside，play for the world”广告，倡导大家在家中也能坚持运动，如图1-7所示。这一举措既符合当时的公共卫生要求，也顺应了消费者在家锻炼的新需求，展现了广告策划的灵活性和实效性。

（3）有效性原则

广告策划不是纸上谈兵，广告策划的结果必须使广告活动以实际成果为导向，要求策划方案能够量化并实现预期目标。也就是在非常经济地支配广告费用的情况下，取得良好的广告效果。广告策划，既追求宏观效益，又追求微观效益；既追求

图1-7

长远效益，也追求眼前效益；既追求经济效益，也追求社会效益。在统一性原则指导下，广告策划要很完善地把广告活动的微观效益与宏观效益、眼前效益与长远效益、社会效益与经济效益统一起来。广告策划既要以消费者为统筹广告活动的中心，也要考虑到企业的实力和承受能力，不能搞理想主义而不顾及企业的实际情况。

（4）操作性原则

科学活动的特点之一就是具有可操作性。广告活动的依据和准绳就是广告策划，要想使广告活动按照其固有的客观规律运行，就要求广告策划具有严格的科学性。广告策划的科学性主要体现在广告策划的可操作性上。广告策划的流程、广告策划的内容，有着严格的规定性，每一步骤、每一环节都是可操作的。经过策划，要在具体执行广告计划之前，就能按科学的程序对广告效果进行事前测定。广告计划执行以后，若广告活动达到了预期的效果，这便是广告策划意图利益很好的实现。若是没有达到预期的广告效果，可按照广告策划的流程回溯，查出哪个环节出了问题。如果没有广告策划，广告效果是盲目的，不是按部就班地实现的。

（5）针对性原则

广告策划的流程是相对固定的。但不同的商品、不同的企业，其广告策划的具体内容和广告策略是有所不同的。同一企业的同一种产品，在产品处于不同的发展时期，也要采用不同的广告战略。只要市场情况不同、竞争情况不同、消费者情况不同、产品情况不同、广告目标不同，那么广告策划的侧重点和广告战略战术也应该有所不同。广告策划的针对性原则体现在对目标受众的深入理解和精准触达上。例如，美妆品牌MAC曾针对年轻潮流女性推出了一系列联名限量版产品，并通过与王者荣耀的牵手开辟了美妆界与游戏界的“联姻”，如图1-8所示。话题热度、产品吸睛度和销量，都印证了大部分目标用户愿意笑着为它买单，这些广告内容贴合目标受众的兴趣热点，不仅介绍了产品特性，更强调了产品的时尚元素和个性化定制，从而有效地吸引了目标消费者，

图1-8

提高了广告转化率。广告策划的最终目的是提高广告效果。如果广告策划不讲究针对性，则很难提高广告效果。用一个模式代替所有的广告策划活动，必然是无效的广告策划。

1.4 广告策划的意义

（1）通过广告策划保证广告活动的目标性

广告活动方案是依据企业的营销战略、品牌管理战略等目标制定的。广告策划过程运用科学的研究和分析方法，集中丰富的经验和智慧，事先将各项活动作出周密细致的安排，每一项活动紧紧围绕最终的总体目标而展开，具有共同的指向性，明确的目标有助于企业在广告活动中做到有的放矢，集中资源进行有效推广，确保广告目标得以实现。

（2）通过广告策划保证广告活动的计划性

广告策划能够提高企业对市场的应变能力，将各种不利因素减少到最低程度。通过科学的广告策划，既可以选择明确的广告目标和诉求对象，防止广告活动的盲目性，也可以选择有效的广告媒介，防止或减少广告媒介资源的浪费，还可以合理地分配和使用广告经费，广告活动的进程和次序计划周详缜密。

（3）通过广告策划保证广告活动的创造性

广告活动的创造性是促成广告达到目标的关键要素。通过广告策划，可以把各个方面、各个领域的智慧聚集起来，充分发挥团队作用，集思广益，有助于激发团队的创造力和创新意识，通过不断探索新的广告形式和内容，保证整个广告活动的每一个环节都有高水平的创意，把广告对消费者的说服效力发挥到极致。引领行业潮流，吸引消费者的注意力，提升广告的创意水平和竞争力。

（4）通过广告策划保证广告工作的连续性

品牌塑造与长期价值积累是广告策划中不可或缺的战略性考量。优秀的广告策划不仅局限在短期内提振产品销量、扩大市场份额的战术层面，更深层次的意义在于其对品牌资产的持续开发和长期累积。品牌资产，包含了品牌的知名度、认知度、美誉度、忠诚度以及无形的价值潜力，这些无形资产的积累是企业长期稳定发展的基石。它要求策划者具备全局观、长远眼光以及扎实的专业功底，通过精心策划的广告活动，循序渐进地积累品牌资产，稳步提升品牌形象和市场地位，从而扩展品牌的生命周期，实现品牌的持续增值和永续发展，成就可持续的商业成功。

（5）通过广告策划以取得最佳的广告效果

广告策划通过科学的方法论和系统性思维，将企业内外部的各种资源，包括人力、财力、媒介资源、创意资源等进行合理整合与优化配置。广告活动所投入的人力、物力均很大，做好广告策划有助于使广告活动更加合理，有利于减少广告费用的浪费，也有利于减少广告造成的污染。各方广告策划人员运筹帷幄，总结经验，制定正确的广告目标，尽量发挥各个环节的优势，确保广告活动的经济性和效益性达到预期目标。

1.5　广告公司的组织结构

最初的广告公司并不是设计广告，只是发布广告而已。随着经济发展国际化、全球化的进程加快，广告公司已形成了科学的组织体系和严密的运行机制，服务水准和经营效率都很高，并能与广告主企业、媒体广告传播、广告调查以及广告管理机构等相互依存，使广告活动有序地良性运行。广告公司与其他企业公司类似，有所差别的主要是业务部门。一般广告公司最基本的业务部门包括以下几个部分。

（1）创意部（Creative Department）

创意部是广告公司的核心部门，负责构思及执行广告创意。部分负责人是执行创意总监（ECD），全面负责创意制作部的行政管理和业务管理，控制广告创作质量，使广告战略符合客户的营销战略需求，并监督广告制作过程。其下会视工作人员的多少，划分若干组，每组由1～2位创意总监（ECD）或副创意总监（ACD）带领，其中一位负责广告文案设计，另一位负责广告美术设计，但也有不少人身兼两职。其工作除构思广告外，也负责指导及培训下属。

创意部还包括电视制作（TV Production）、平面制作（Print Production）、画房（Studio）及平面统筹（Traffic）4个小部门。电视制作部设有监制（Producer），负责电视广告的统筹，但实际上广告拍摄由广告制作公司负责。平面制作部设有平面制作经理（Print Production Manager），主要负责跟进平面广告的印制工作。画房设有绘图员（Visualizer）、计算机绘图员（Computer Visualizer）、正稿员（Artist）等职位。平面制作统筹（Traffic Coordinator）则负责统筹平面制作事宜。

（2）客户服务部（Account Servicing Department）

客户服务部主要工作是与客户联络及制定创意指导。部门负责人是客户主管（DCS），其下按不同客户划分为不同的客户总监（AD）、副客户总监（AAD）、客户经理（AM）及客户主任（AE）。

（3）媒介部（Media Department）

媒介部主要为客户建议合适的广告媒体（如电视、报纸、杂志、海报、直销等），并为客户与媒体争取最合理的收费。部门负责人是媒介主管（Media Director），下设媒介主任（Media Supervisor）及媒介策划（Media Planner）等。

（4）市场调研部（Market Research Department）

市场调研部的工作贯穿于广告活动的始终。从广告实施前的有关产品、消费者、市场等方面的调查分析，制订广告营销计划，进行广告作品的事前测验，到广告实施后的效果调查，市场调研部都要参与其中。此外，随着广告公司业务的扩展和职能的转变，设置一些新的业务部门也是必要的。主要有公关部（PR）和促销部（SP）。公关部是协助客户进行有关的宣传工作。促销部是参与客户的销售促进活动，帮助组织展览会、抽奖活动以及一些文化活动等。这些部门配合广告信息传播部门，为客户进行综合信息交流服务。

1.6 广告设计职业岗位需要具备的能力

广告设计职业岗位都是直接从事创意、设计工作的，工作人员虽然各有专长，但都必须要有相关的知识，特别是对有关设计的专业知识，包括广告学、广告心理、广告媒体、广告调查、广告策划、广告表现、节目制作等，都要有深入的了解；同时，对设计理论、文学、哲学、美学、史地、生活知识、其他有关的社会科学和自然科学知识等，都要加以涉猎。除此之外，还应具备以下能力。

（1）观察能力

观察是策划的关键。广告设计人才在接受广告委托后，对市场产品和消费群体的调查研究，其主渠道是靠广告策划者对市场动向的感知力和对消费者心理的洞察力。这是把握广告成功过程的重要手段。如果缺乏对市场、商品、消费、竞争等趋势的观察能力，广告策划者就可能在错误的时间、错误的地点进行毫无意义的广告宣传。

（2）思维能力

思维能力，是广告设计人才对客观事物做出思考的能力。广告策划人才所具备的思维能力主要是逻辑思维和形象思维能力。思维的过程是广告设计人才对客观事物分析和综合的过程。广告设计的过程中要善于思考，能够灵活的运用所获得的知识与技能，以提高自身的设计水平。这是广告设计人才必备的能力。

（3）表达能力和审美能力

表达能力，是指在拟定广告计划时，表达自己观点和意见的能力，或在广告活动中，运用广告文案、广告设计将广告创意有效地表达出来的能力，包括说服能力、解释能力、辩论能力、文字写作能力，以及动作语言、表演的感染力等。设计师的审美能力包括敏锐的观察力、丰富的想象力、灵活的构思，在综合审美方面能领先于他人。

（4）沟通能力

设计是为人服务的，要以人为本；设计的结果是要以视觉化的方式来表现的，要与人沟通，才能实现设计的目的。由此，设计的逻辑行程是开始于设计师，终结于设计受众。这一行程也是设计的传播、接受、沟通体系的运作过程。

（5）创新能力

创新能力，是广告设计人才智能结构中的核心部分，是指广告设计人才在广告设计活动中，能够善于接受新鲜事物，并具有提出新思想、新意境，想出新形象、新方法、新点子的能力。

工作任务实施

工作任务1

搜集资料、分析案例

· 学生工作手册 ·

工作情景描述：广告策划是经济社会现象的具体表现，其发展历程与各个历史时代的社会背景密不可分。从广告的整个历史沿革中，可以看出，无论是古老的莎草纸公告，还是现代的数字多媒体展示，每一次设计风格的迭代和创新，实质上都是社会变迁、经济发展、科技进步以及文化演进共同作用的结果。成功的广告策划案例，不仅是商品价值和广告创意智慧的结晶，更是广告团队洞悉市场规律、契合社会心理、巧借技术手段实现精准传播的杰出表现。在教学实践中，引导学生以理性批判和深度思考的方式审视日常生活中接触到的形形色色的广告，不仅能拓宽他们的认知视野，更能提升其综合分析能力和审美素养。通过深入探讨广告策划的内在逻辑，学生们能够更好地理解广告作为社会经济文化载体的价值所在，培养敏锐的市场洞察力和高效的信息传播能力。

本工作任务是搜集、学习成功广告案例，分析结果形成分析报告，内容要求结合行业特点，分析其创意构思、传播途径、设计表达以及优劣势。

项目负责人承担推进项目的职责，根据说明会备忘录确定的原则，制订可行性的项目推动计划并进行策划前作业准备。

学习目标

1. 素质目标

（1）培养从市场需求分析出发的设计思维能力。

（2）培养创新思维和实践应用能力。

（3）培养善沟通、能协作、高标准、重创意的专业素质。

2. 知识目标

（1）了解广告策划的基础理论系统。

（2）了解广告公司组织形式，并对自身广告策划知识、素质和能力结构进行合理的设计。

（3）扩大认知范围，提高综合素质。

3. 能力目标

（1）具备工作中处理与各方关系的沟通能力。

（2）具有较强的团队意识和客户意识。

建议课时：4学时。

工作流程与活动

工作活动1：任务确立（1学时）。

工作活动2：搜集、研究分析相关资料（2学时）。

工作活动3：评价与总结（1学时）。

工作活动4：企业专家、客户在线指导（课后拓展）。

工作活动1 任务确立

1. 活动思考

问题1 如何选择案例，确定搜集案例方向。

问题2 小组成员根据各自所长，确定在小组中能承担的任务。

2. 思想提升

聚树成林，聚滴成河，积碎步成千里，积小流成江海，聚积个人力量于集体，团结方可铸造奇迹！本次课以团队形式完成，你是怎么理解这句话的？又该怎么去做呢？

3. 工作任务确立

（1）成功的广告案例是具有社会影响力的商品和优秀的广告策划相结合的成果，可以根据本章的理论知识，通过网络、书籍资料查阅等方式，进行收集、整理和分析。

（2）对搜集的案例进行总体研讨，要求每个成员对本任务的目的、内容都有比较明确的了解。

（3）规定工作任务，安排时间进程。

工作活动2 搜集、研究分析相关资料

1. 活动思考

问题1 已经完成了资料搜集整理工作，下一步要做什么？

问题2 如何完成分析报告的撰写？

2. 思想提升

孔子《论语六则》中提到："三人行，必有我师焉；择其善者而从之，其不善者而改之。"结合工作活动该如何理解？如何去做？

3. 活动实施

活动步骤	活动要求	活动安排	活动记录
步骤1 初步设计	结合网络资源，讨论出要分析的典型案例	具体活动：制定方向	文案、视频
		具体活动：分工搜集	文案、视频
		具体活动：讨论典型案例	文案、视频
步骤2 设计方案 汇报与整理	无论是文案或视频，进行汇总，按任务要求，经过多次反复研究与讨论做出评价	具体活动：汇报准备	汇报记录表
		具体活动：展示评价	评价表
		具体活动：报告改进	改进意见或方案

4. 活动评价与总结

一级指标	评价内容	分值	自评	互评	教师
学习过程 （60）	确定搜集广告的类型、媒体形式等	10			
	能够以小组为单位进行分析交流	10			
	能够分析出设计表达以及优、劣势	10			
	能够分析出思路、需要的结论	10			
	能够在规定时间内在线签到	10			
	能够规范地形成文案	10			
作业得分 （40）	撰写分析报告能力	10			
	设计创意和表现能力	10			
	小组成员合作情况	10			
	客户满意度	10			

工作活动 3 评价与总结

1. 评价

一级指标	二级指标	评价内容	分值	自评	互评	教师
工作能力（60）	小组协作能力	能够从不同的角度提出问题，并考虑解决问题的方法	10			
	表达能力	能够正确地组织和表达文案的内容	10			
	创新能力	在小组讨论中能够标新立异，培养创新性	10			
		创新设计能力	10			
	实践操作能力	分析报告整体规划能力	10			
		能够根据自己获取的知识完成工作任务	10			
作业得分（40）	岗位职业能力	分析资料所得定位的准确性	10			
		报告制作规范	10			
		客户满意度	10			
		文案表述能力	10			

2. 总结

沟通表达能力	提升	
	不足	
结论报告情况	提升	
	不足	
能力达成情况	具备	
	欠缺	
改进措施		

工作活动 4 企业专家、客户在线指导

企业专家在线指导意见	
客户在线沟通	

工作任务2

国际广告公司情况调查

·学生工作手册·

工作情景描述：广告公司不仅要完全融入市场操作的每一项行为中，还必须能够客观地观察自己的行为。同时广告工作不是个人行为，需要团队协作完成。完善的广告公司组织结构是公司正常运行的保障。其工作内容主要包括确定组织中的各个构成要素并按一定原则对其进行排列、组合，明确管理层次，分清各构成要素的职责及相互间的协作关系等。

本工作任务是“国际广告公司情况调查”，项目负责人开始承担推进项目的职责，根据说明会备忘录确定的原则，制订可行性的项目推动计划和策划前作业准备。

学习目标

1. 素质目标

（1）培养学生从市场需求分析出发的设计思维。

（2）培养学生创新思维和实践应用能力。

（3）培养学生善沟通、能协作、高标准、重创意的专业素质。

2. 知识目标

（1）了解广告公司的操作流程。

（2）了解广告公司组织形式，并对自身广告设计知识、素质和能力结构进行合理的设计。

（3）提高认知范围和综合素质。

3. 能力目标

（1）具备工作中处理与各方关系的沟通能力。

（2）具有较强的团队意识和客户意识。

建议课时：4学时。

工作流程与活动

工作活动1：任务确立（1学时）。

工作活动2：搜集、研究分析整理相关资料（2学时）。

工作活动3：评价与总结（1学时）。

工作活动4：企业专家、客户在线指导（课后拓展）。

工作活动 1 任务确立

1. 活动思考

问题 1 确定要选择的广告公司是哪些？

问题 2 小组成员根据各自所长，确定在小组中能承担的任务。

2. 思想提升

诸葛亮《诫子书》中提到："非学无以广才，非志无以成学。"结合工作活动该如何理解？如何去做？

3. 工作任务确立

（1）选择的广告公司要求广告策划经验丰富，有系统的品牌、营销理论严格的广告操作流程。

（2）对搜集的公司进行总体研讨，要求每个成员对本任务的目的、内容都有比较明确的了解。

（3）规定工作任务，安排时间进程。

工作活动 2 搜集、研究分析整理相关资料

1. 活动思考

问题 1 已经完成了资料搜集整理，下一步要做什么？

问题 2 学习、设计PPT操作及版式。

问题 3 如何完成报告的撰写？

2. 思想提升

通过本工作任务的学习，了解本土广告公司与国际大广告公司的差距，在实践中淬炼品格、增长本领，做新时代的青年追梦人。

3. 活动实施

活动步骤	活动要求	活动安排	活动记录
步骤1 初步设计	结合学习网络资源。讨论出要分析的典型广告公司	具体活动：制定方向	文案、视频
		具体活动：分工搜集	文案、视频
		具体活动：讨论典型公司	文案、视频

续表

活动步骤	活动要求	活动安排	活动记录
步骤2 设计方案 汇报与整理	无论是文案、图片或视频，进行汇总，按任务要求，经过多次反复研究与讨论，做出评价	具体活动：汇报准备	汇报记录表
		具体活动：展示评价	评价表
		具体活动：报告改进	报告改进

4. 活动评价与总结

一级指标	评价内容	分值	自评	互评	教师
学习过程（60）	确定所要了解的公司类型	10			
	能够以小组为单位进行分析交流	10			
	能够分析出设计表达以及优、劣势	10			
	能够分析出思路、需要的结论	10			
	能够在规定时间内在线签到	10			
	能够规范地形成文案	10			
作业得分（40）	撰写分析报告能力	10			
	设计创意和表现能力	10			
	小组成员合作情况	10			
	客户满意度	10			

工作活动 3　评价与总结

1. 评价

一级指标	二级指标	评价内容	分值	自评	互评	教师
工作能力（60）	小组协作能力	能够从不同的角度提出问题，并考虑解决问题的方法	10			
	表达能力	能够正确地组织和表达文案的内容	10			
	创新能力	在小组讨论中能够标新立异，培养创新性	10			
		创新设计能力	10			
	实践操作能力	分析报告整体规划能力	10			
		能够根据自己获取的知识完成工作任务	10			

续表

一级指标	二级指标	评价内容	分值	自评	互评	教师
作业得分（40）	岗位职业能力	分析资料所得定位的准确性	10			
		报告制作规范	10			
		客户满意度	10			
		文案表述能力	10			

2. 总结

沟通表达能力	提升	
	不足	
结论报告情况	提升	
	不足	
能力达成情况	具备	
	欠缺	
改进措施		

工作活动 4 企业专家、客户在线指导

企业专家在线指导意见	
客户在线沟通	

评价与总结

1. 评价

指标	评价内容	权重	自评	互评	教师	企业	客户
课前探学	线上作业完成情况	10					
	线上讨论情况	10					
	线上资料学习情况	10					

续表

指标	评价内容	权重	自评	互评	教师	企业	客户
课中任务	总结、分析能力	10					
	方案设计	10					
	策划书完成情况	10					
课后拓展	企业专家满意度	20					
	客户满意度	20					

2. 总结

素质提升	提升	
	不足	
知识掌握	已会	
	不懂	
能力达成	具备	
	欠缺	
改进措施		

项目小结

从发展历程来看，广告策划经历了从早期简单直观的信息传递到现代科学化、系统化的过程。本项目全面地介绍广告策划的基础理论以及未来发展趋势，学生能够系统理解广告策划的核心价值与工作方法。同时对广告公司的结构及广告从业人员所必备的能力有一定的认识，从而为了解广告行业以及今后致力于广告行业打下理论基础，为从业做好充分准备。

项目2

广告市场调查

导入案例

可口可乐一次失败市场调研的启示

1985年，世界第一大软饮公司——可口可乐公司经历了一场其营销史上最大的灾难。事情是这样的：由于其竞争对手——世界第二大软饮公司——百事可乐在口味上更具优势（百事可乐的甜度比可口可乐高9%，在盲测实验中，大部分人都认为百事可乐口味更佳），这使得可口可乐不得不绷紧神经。

图2-1

经过长达4年的消费者调研后，可口可乐终于做出了一个勇气十足的决定：可口可乐公司宣布将采用新配方（主要是增加甜度），来替代老配方。而新产品的名字就叫：新可口可乐（New Coke），如图2-1所示。

新可口可乐上架后，可口可乐公司每天开始接到1500个愤怒的投诉电话，是以前的4倍，而且愈演愈烈。以至于可口可乐公司不得不雇用精神和心理方面的专业人士来处理。投诉信件雪片似飞来，而新闻媒体连篇累牍的通稿也在不断刺激着民众的情绪。在他们的描述中，可口可乐变更自己的经典配方，不再是一个单纯的商业行为，而是对美国精神的颠覆，甚至是美国传统的终结。为了及时止损，可口可乐公司的高管宣布，重新引入了可口可乐的原始配方，并更名为“经典可乐”。自20世纪70年代，可口可乐变更了自己的宣传策略，从“清凉顺畅”转向“只有可口可乐，才是真正的可乐”这样呼唤品牌价值的口号。

新可乐的失败，反而间接证明了经典产品在美国人心目中的地位，并确定无疑地肯定了品牌的价值。凭借民众自发产生认知和理念。

事实上，可口可乐公司在推新可乐之前，也经过了上万次的各类消费者测试，才有理有据地根据测试结果推出以为可以迎合消费者口味的新可乐。然而，种种科学测试却单单忽视了消费者对于可口可乐公众认知的调查和分析。成立于20世纪早期的可口可乐，某种程度上已成为美国的象征，是美国人民日常生活的一部分，如同空气那样不易察觉却又不可缺少。单因迎合口味而断然停止生产传统可口可乐，如同贸然切断某种精神依托，粗鲁而简单，消费者的愤怒可想而知。这一事件，深刻揭示了全面进行更广阔范围的市场调研的重要性。只有进行充分的市场调研，才能打造出真正符合消费者需求的产品。

工作任务导入

工作任务要求	完成调查方案的设计、调查问卷的设计、调查的实施，从数据的分析处理到调查报告的撰写，掌握一个市场调研的切实操作过程，并能正确解释调研结果，提出合理建议，为企业解决实际问题。 提高发现、分析和解决问题的能力以及与消费者沟通的综合能力。同时培养认真负责的工作态度和耐心细致的工作作风
工作任务导入	本项目由3个工作任务组成，任务要求、形式及建议学时如下： 任务要求：明确任务书要求，设计调查问卷，调查实施，撰写调查报告。 任务形式：调查问卷，调查实施过程照片、视频，调查资料，调查报告。 建议学时：16学时。 工作任务1：问卷设计，4学时 工作任务2：调查实施，8学时 工作任务3：撰写调查报告，4学时
工作标准	1. 能够通过调查问卷，收集与分析相关信息。 2. 初步具备制订工作计划并按计划顺利完成任务的能力。 3. 具备工作中处理与各方关系的能力。 4. 具有较强的团队意识和客户意识。 对接方式：市场调查理论、方法，调查问卷数据，及对内与小组成员合作，对外与调查对象沟通

小组协作分工

课前 请根据班级人数，每组4～5人，按异质分组原则分组，协作完成工作任务，并在下面表格中写出小组内每位成员的专业特长与专业成长点。

组名	成员姓名	专业特长	专业成长点

知识导入

问题 1 根据自己的消费经验，想一想广告市场调查需要调查哪些内容。

问题 2 作为消费者，讨论生活中遇到过哪些调查方法。

知识准备

2.1 市场调查的内容

所谓市场调查，既包括围绕广告信息传播所展开的传播调查，也包括为发展广告运动所进行的市场调查。市场调查是现代广告运动的基础，直接作用于广告策划并指导广告活动每个环节的基本运作，是发展一个成功的广告运动的必要环节。市场调查涉及的范围很广，凡与广告所推广的产品或劳务，与广告运动有关的市场因素，都属于广告市场调查的范围，其中主要有消费者调查、基本市场调查、产品或劳务调查、竞争状况调查等。同时，广告调查是广告策划、广告创作、媒体调查、广告发布以及广告效果测定等一系列广告活动的开端。

（1）市场环境调查

市场环境调查是以一定的地区为对象，有计划地收集有关人口、政治、经济、文化和风土人情等情况。

①人口统计：包括目标市场的人口总数、性别、年龄、文化构成、职业分布以及家庭人口、户数和婚姻状况等。

②社会文化和风土人情：主要包括民族、文化特点、风俗习惯、民间禁忌、生活方式、流行风尚、民间节日、宗教信仰等。

③政治经济：主要包括有关国家政策、地方性法规、重大政治活动、政府机构情况、社会经济发展水平、工农业发展状况、商业布局等内容。

④文化环境：包括从属价值观念的变化、亚文化、地域文化、流行文化及生活方式。

对上述要素的调查与分析，为企业提供可以量化的市场概念，企业可以找到产品在市场需求范围内的位置。同时，可以找到企业或产品在市场面临的主要机会点和问题。

应用案例

SK-Ⅱ化妆品（图2-2）针对不同市场的政治、经济、文化和风土人情等情况，在广告宣传上也做了调整。在日本，“像煮熟的鸡蛋一样半透明的光洁肌肤”；在中国内地，“使用四周后，肌肤年轻12年，细纹减少47%”；在中国香港，“水晶般光洁”；在中国台湾，“红润光洁”。

图2-2

（2）消费者调查

①消费者一般情况调查：当对已经选好的特定消费群进行调查时，首先要对消费者的一般情况进行了解。主要包括：年龄、性别、民族、职业、文化程度、婚姻状况、家庭情况、收入水平和消费水平等基本情况。对这些基本情况的掌握是消费者研究过程中的首要问题，有着很强的指导意义。

②消费者购买行为及消费者心理调查：消费者在购买过程中的一系列活动，称为购买行为。消费者的购买行为是消费者不同心理现象在购物过程中的客观反映。通常把消费者购买商品前后的心理归纳为自尊、求实、求新、求廉、求荣、求美、求速和求名。要根据这些问题对消费者进行深入细致的调查，研究消费者的购买能力、购买决策情况、购买动机及购买习惯。还有消费者对企业产品的使用状况、态度和印象程度，以及影响消费者购买的因素等。

③潜在消费者及流失消费者分析：产品投放市场后，消费者可能会流失或者有潜在消费者转换，通过对这种情况发生的原因及存在可能性的研究，从而对企业或产品在消费者方面面临的机会点和问题点进行总结。

（3）产品调查

①产品生产：主要包括广告产品的生产历史、生产过程、生产设备、制作技术和原材料的使用，以便掌握产品的工艺流程和质量。

②产品性能：主要指产品的功能，与同类产品比较的突出长处。此外，还包括产品的外形特色、规格、花色、款式和质感，以及装潢设计等。

③产品类别：指产品属于生产资料还是消费品，且又是其中的哪一类。生产资料的主要类型有原料、辅料、设备、工具、动力；消费品的主要类型有日常用品、选购品和待购品。

④产品生命周期：指产品的市场销售历史，产品的生命周期分为5个阶段，即引入期、成长期、成熟期、饱和期和衰退期。

⑤产品服务：产品服务包括销售服务和售后服务。销售服务主要包括代办运输、送货上门、代为安装调试、培训操作人员；售后服务主要包括产品的维修和定期保养等。

应用案例

M&M's的历史可以追溯到1941年，当时美国的士兵需要一种方便携带且不易溶化的巧克力，以在热带气候中消耗。由于这个需求，M&M's巧克力豆诞生了，最初由玛氏食品公司为美国军队生产。之后，这种巧克力豆成为了民用市场的热销产品，逐渐风靡全球。由此M&M's广为流行，随之出名的还有那句“只溶在口，不溶在手”的经典广告。M&M's广告如图2-3所示。

起初M&M's巧克力只有牛奶巧克力口味，后来根据大众喜爱加入了花生巧克力、黑巧克力等经典口味，随着产品线的不断丰富，玛氏食品公司也积极研发新口味的M&M's巧克力，比如草莓口味、薄荷口味等逐渐出现，极大丰富了消费者的选择。目前，M&M's的现有常规产品包括：M&M's牛奶巧克力，M&M's花生酱巧克力豆，M&M's椒盐脆饼巧克力糖果，MY M&M's定制牛奶巧克力糖果等。此外，2008年，MY M&M's定制糖果网站的成立，意味着除了常规产品之外，消费者可以在网站上根据自己的喜好定制独一无二的M&M's巧克力。

图2-3

（4）市场竞争情况调查

企业必须随时衡量自己的产品在市场上的竞争地位，做到知己知彼，才能做出相应决策。重点查明市场竞争的结构和变化趋势、主要竞争对手的情况以及本企业产品竞争成功的可能性。通过市场竞争性调查，还可以分析各种广告手段与效果，有助于提出新的可能的思路。

竞争情况调查主要包括两方面：一是企业在竞争中的地位，企业在同行业中是领导者还是追随者，是否有支配权；二是对企业竞争对手进行分析，同行竞争者的数量和规模，其竞争策略和手段、在消费者心目中的印象以及竞争者的优劣等。可以看出，市场竞争情况的调查研究是建立在比较的基础上，通过企业自身与产品和竞争对手之间的不断比较来发现问题、解决问题。

（5）媒体传播调查

媒体传播调查包括广告展开地区的媒体分布、媒体拥有量、覆盖率、各具体媒体的受众数量与受众成分构成，以及受众对于媒体的反映和评价。以此来确定广告媒体策略，即媒体的配置、选择与组合。对上述资料进行统计和分析，从中找出目前企业和产品在市场上面临的问题，为确立此次广告活动的目标寻求科学依据，是以后广告策略决策的可靠保证，同时对于把握广告活动方向具有至关重要的作用。

2.2　广告市场调查方法

广告市场调查方法是指在进行市场调查中，用以发掘资料来源，搜集整理资料信息，实现市场调查目的，进而确定广告策划的各种途径和方法。

（1）观察法

观察法是由调查人员到现场直接进行观察获取有关咨询的一种调查方法。其特点是使被调查者不感到自己是在被调查，从而获得更加客观的一手资料。观察者可以是市场调查人员，也可以是某种工具或仪器设备，如照相机、摄像机以及视向测定器、瞬间显露器等特定的测录设备，这种观察法的成本较高，难以普及，使用比较多的还是人员的现场观察。

在广告市场调查中，观察法常用于检测售点的客流量，某路段的车流量、人流量，某户外宣传片的注目率等。虽然通过现场直接观察能获取部分一手资料，却很难深入了解到被观察者的深层心理状况。

（2）实验法

把调查对象置于一定条件下，进行小规模实验。在广告活动中，通常用于广告发布前和广告活动展开前的广告测试和市场测试。在广告活动大规模、大范围展开前，通过局部市场的广告投放实验或定点售点的销售实验，以检测市场反应，检测广告效果。常用方法包括实验室试验、销售区域试验、模拟试验、购买动机试验等。

这种方法科学性较高，能对广告活动的实际市场效果做出较准确的预测，但实施时间长，费用高，有些试验因素难以控制。因而在广告市场调查中应用不广。

（3）抽样调查法

抽样调查法根据概率统计的随机原则，从该研究的总体中抽出一部分单位作为样本进行分析概括，以此推断整体基本特征的一种非全面性的调查方法。

特点：具体方法多样，技术性强。

抽样调查法主要有以下3种方式：

①等距抽样：将准备抽样的对象排列起来，设定距离来抽取。

②任意抽样：采取抽签的方式，随意抽取。

③随机抽样：将对象编成号码，运用乱数表抽取。该方法最常用。

注意事项：

①注意抽样的客观性，避免主观人为倾向。

②选点取样要注意代表性，使其能较为充分地表现事物的总体特征。由于样本选取直接影响到调查质量，所以在使用抽样调查法时应特别注意。

（4）访问法

用访问的方式收集市场信息资料的一种方法，也是市场调查中较为常用的方法。包括以下几种方法。

①个别访问法：这是一对一地对个别调查对象进行单独访问。具有亲和力，问卷回收率高，但耗时、成本高，并且对调查人员的素质要求高。

②集体访问法：该法主要将被调查者集合在一起，采用问卷答写的方式进行，要求被调查者按要求在规定的时间内进行回答，并当场回收。与个别访问法相比省时、省力、省钱。

③留置法：将问卷交由被调查者带回自行填写，在约定的时间内由调查人员收回。这样可以保证有充分的回答时间，适合内容较多的问卷。

④电话访问法：这种方法方便、迅速、经济，但无法深入调查，而且成功率较低。

⑤邮寄法：用邮寄问卷的方法征询被调查者的意见，大规模、大范围的调查常用这种方法，但回收率低，能达到25%就已经很理想了。

⑥计算机访问：这种方法具有时效性、趣味性和保密性，也受一定条件限制。但随着电脑的普及，这种访问方法获得较大推广。

总之，市场调查的方法各有特色，执行调查过程中，在操作上有两个重要问题需严格控制和把握：一是目标消费者的选择，二是问卷的设计。在实际调查中还应按照调查的客观需要把这些方法组合在一起，以获得最佳的调查结果。

2.3 广告市场调查的常用技巧

市场调查的技巧，指具体运用市场调查方法去实现调查目的时所必须掌握的手段或要领。主要表现在设定调查主体和制定调查问卷上。

（1）市场调查问卷设计的基本条件

①问题必须简明扼要和具有较强的信息涵盖量。

②问题要符合人们通常的逻辑思维进程，保证获得对方答复。

③问题必须具有典型意义，能够代表一定阶段内市场发展的基本趋向。

④问题要便于评议、分析和综合说明。

（2）问卷设计的基本技术手段

①二项选择法：把问题分为两种情况，二者只能选择其一。其优点是判断明确，结论便于解说；不足是不能表现意见的差别程度。

②多项选择法：问卷涉及两个以上的答案，供被调查者选择其中一项或多项的方法。如购买轿车时，你认为轿车的哪一种指标最重要：A. 舒适性；B. 安全性；C. 耗油量；D. 噪声小；E. 外形美观；F. 其他。

③排序法：给定若干答案让被调查者选择并按重要程度排序。如促使你购买某品牌手机的原因是什么？A. 名牌；B. 价格；C. 广告；D. 颜色；E. 性能；F. 他人推荐；G. 售后服务。第一位（ ），第二位（ ），第三位（ ）。

④自由回答法：问卷不拟定答案，被调查者可以自由发表意见。优点是可以缩短问答者之间的距离，但也难以形成一般性结论。

⑤比较法：让被调查者对几种产品、商标、广告等按喜欢程度进行比较选择。这种方法不仅能判断出比较项目的顺序，也可以测定比较对象之间的评价差距。

⑥表格测验法：让被调查者在一张印有产品相关特性的表上注明自己的看法。

⑦文字联想法：列出一个品牌，使被调查者的脑海中涌现出来的几个字或几句话，主要用于产品、企业等命名调查。

（3）问卷设计中需要注意的问题

①问卷开头招呼语措辞要亲切、真诚。

②一个问题只能有一个问题点。

③问卷的排列要由浅及深。

④考虑问题的关联性。

⑤避免语意不清，模棱两可，以免使受访者左右为难。

⑥所列的限制条件要清楚，使作答时有正确的方向。

⑦措辞简单明了、客气温和，所有问题的措辞要尽量客观。

⑧注意措辞的强度。

⑨不可询问难以回忆的事项，避免为难受访者。

⑩类似下列问题不要放在问卷之首：关于受访者的个人资料、有关受访者的生活态度问题；使受访者感到困窘的其他问题、类似测验智力问题。

2.4 调查报告的撰写

调查报告是对某件事或某个问题调查研究以后撰写的书面报告。市场调查报告是建立在客观反映市场情况和如实分析数据资料的基础上，不能有虚假和主观臆断。调查报告的主要内容包括以下几方面。

①封面标题、承办部门、时间等。

②序言：是对调查总体经过的背景和过程介绍，是叙述性较强的一段文字。

③摘要：将一些重要的分析结论和建议提前示明以引起足够重视。

④正文部分包括以下几个方面：

a. 对调查基本情况的说明，主要包括调查时间、地点、方法、样本基本情况和统计方法等。

b. 对一般市场情况的分析，主要是一些统计结果，以现象的揭示和说明为主。

c. 对复杂市场情况的分析，主要是对一些心理动机、影响因素等问题的综合研究比较，统计结果不再单纯说明现象，而重在分析实质。

d. 提出综合建议和解决问题的方法和途径。

e. 附录：主要包括问卷和调查的原始资料及统计报表等内容，具体内容见附录。

以上是市场调查报告的一般格式，不是固定形式。但在调查报告中应对问题进行客观切实的分析，并能为企业的经营提出解决问题的建议。市场调查绝对是现代广告运动的必需，它为广告运动的发展提供了科学依据。广告调查虽说不能确保广告运动的绝对成功，却能减少失败。广告调查及其实施过程存在多种限制。它能发现问题，但不一定能提供解决问题的正确答案。这是因为，一切调查研究都是特定时间与特定情况下的产物，而市场环境是在不断改变的。同时，调查费时、费钱，这些都是广告调查自身的限制。

应用案例

吉利公司创建于1901年，其产品因使男人刮胡子变得方便、舒适、安全而大受欢迎。进入20世纪70年代，吉利公司的销售额已达20亿美元，成为著名的跨国公司。然而吉利公司的领导者并不满足，而是想方设法继续拓展市场，争取更多用户。1974年，公司推出了专为女性设计的“刮毛刀”。这一决策虽然看似荒谬，但实际上是建立在严密的市场调查基础之上的。吉利公司先花费一年时间对市场进行了深入研究，了解到美国30岁以上的妇女中，有65%的人需要定期刮除腿毛和腋毛以保持美丽形象。除了使用电动刮胡刀和脱毛剂外，这些女性还主要依靠购买男用刮胡刀来满足其需求，每年在这方面的花费高达7500万美元。可以说，这是一个充满潜力的市场，为吉利公司提供了良好的发展机遇。因此，吉利公司推出专门针对女性的“刮毛刀”，不仅满足了女性需求，同时也为公司拓展市场、争取更多用户创造了有利条件，如图2-4所示。

由此可见，优秀的市场调研报告，能够为市场预测提供依据。市场调研报告的写作目的必须明确，能够满足实际工作的需要。调研报告的针对性越强，其指导意义、参考价值和社会作用就会越大。

图2-4

工作任务实施

工作任务1

任务分配、整体规划

（准备阶段，问卷设计）

· 学生工作手册 ·

工作情景描述：广告市场调查是广告取得成功的前提条件，做任何一件事要想取得成功，都要打有准备之仗，充分调查研究与其相关的情况。广告活动是综合性的销售促进活动，广告创意能否切中广告主题，实现广告目标，关键在于广告活动之前有没有进行深入透彻的调查与研究。本项目内容的组织是以广告设计公司典型的工作任务为逻辑起点，为完成广告运作全过程所需的技能、知识、态度要求而设计。

本工作任务是“自选某种产品，制定调查问卷并进行市场调查，形成市场调查报告”，根据调查问卷实施数据结果，制定调查报告。

项目负责人开始承担推进项目的职责，根据说明会备忘录确定的原则，制订可行性的项目推动计划和调查前作业准备。

学习目标

1. 素质目标

（1）培养学生从市场需求分析出发的设计思维。

（2）培养学生在广告调查中的分析能力和实践应用能力。

（3）培养学生善沟通、能协作、高标准、重创意的专业素质。

2. 知识目标

（1）了解广告调查的基础理论系统。

（2）了解广告调查对于广告运作的重要意义。

（3）了解调查问卷设计方法。

3. 能力目标

（1）具备工作中处理与各方关系的沟通能力。

（2）具有较强的团队意识和客户意识。

建议课时：4学时。

工作流程与活动

工作活动1：任务确立（1学时）。

工作活动2：设计广告调查问卷（2学时）。

工作活动3：评价与总结（1学时）。

工作活动4：企业专家、客户在线指导（课后拓展）。

工作活动1 任务确立

1. 活动思考

问题1 全面了解广告调查流程，讨论调查方向及所需的资讯。

问题2 小组成员根据各自所长，确定在小组中能承担的任务。

2. 思想提升

毛泽东在《反对本本主义》中提到："没有调查，就没有发言权。"在任务中该如何理解这句话？工作任务该如何开展？

3. 工作任务确立

（1）描述模拟项目情景，成立广告策划小组。策划小组应由客户主管、策划创意、文稿撰写、设计制作、摄影摄像、市场调查及媒介公关等方面的人员组成。成立策划小组是用集体智慧来完成整个广告策划工作，是广告活动由经验化向规范化、科学化发展的有效途径。

（2）策划小组首先要对广告调查任务进行总体研讨，自定调查方向原则上是小组成员熟悉的、有购买经验的产品类别。要求每个成员对本产品调查的目的、内容都有比较明确的了解，明确自己的任务。

（3）规定工作任务，安排时间进程。

工作活动 2　设计广告调查问卷

1. 活动思考

问题 1　广告调查具有哪些内容？根据自定调查方向确定调查方法。

问题 2　掌握调查问卷的设计方法及基本技术手段。

2. 思想提升

《劝学》中提到：“不登高山，不知天之高也。”在任务中该如何理解这句话？工作任务该如何开展？

3. 活动实施

活动步骤	活动要求	活动安排	活动记录
步骤1 职业沟通联系	在实际工作中，项目组成员必须具有良好的沟通能力，与客户、消费者进行良好沟通等。以小组为单位，通过角色（调查成员、消费者）扮演，练习人与人之间的沟通能力	具体活动：角色选择	照片、记录表
		具体活动：角色扮演	照片、记录表
		具体活动：评价	照片、评价表
步骤2 问卷设计准备	研究自定调查产品，搜集信息和相关材料	具体活动：讨论调查问卷案例	照片、记录表
		具体活动：小组任务构思问卷	照片、记录表
			照片、记录表
步骤3 设计问卷	①问卷撰写 ②从消费者、市场、产品、竞争、媒体、渠道等方面思考问卷	广告调查问卷思路形成	形成广告调查问卷

4. 活动评价与总结

一级指标	评价内容	分值	自评	互评	教师
学习过程（60）	根据调查产品确定调查内容	10			
	能够根据调查内容设计调查问卷题目	10			
	能够根据调查方向确定调查方法	10			
	能够制定合适的调查对象	10			
	能够在规定时间内在线签到	10			
	能够规范地形成文案	10			
作业得分（40）	制定调查问卷的能力	10			
	设计问卷上下题目的逻辑关系能力	10			
	小组成员合作情况	10			
	客户满意度	10			

工作活动 3 评价与总结

1. 评价

一级指标	二级指标	评价内容	分值	自评	互评	教师
工作能力（60）	小组协作能力	能够从不同的角度提出问题，并考虑解决问题的方法	10			
	表达能力	能够正确地组织和表达文案的内容	10			
	创新能力	在小组讨论中能够标新立异，培养创新性	10			
		文稿撰写能力	10			
	实践操作能力	问卷设计整体规划能力	10			
		能够根据自己获取的知识完成工作任务	10			
作业得分（40）	岗位职业能力	分析资料所得定位的准确性	10			
		广告调查问卷设计规范	10			
		客户满意度	10			
		文案表述能力	10			

2. 总结

沟通表达能力	提升	
	不足	
结论报告情况	提升	
	不足	
能力达成情况	具备	
	欠缺	
改进措施		

工作活动 4　企业专家、客户在线指导

企业专家在线指导意见	
客户在线沟通	

工作任务2
市场调查
（实施阶段）

· 学生工作手册 ·

工作情景描述：广告市场调查是广告取得成功的前提条件，做任何一件事要想取得成功，都要打有准备之仗，充分调查研究与其相关的情况。广告活动是综合性的销售促进活动，广告创意能否切中广告主题，实现广告目标，关键在于广告活动之前有没有进行深入透彻的调查与研究。本项目内容的组织是以广告设计公司典型的工作任务为逻辑起点，为完成广告运作全过程所需的技能、知识、态度要求而设计。

本工作任务是“自选某种产品，制定调查方法并进行市场调查”，根据设计的调查问卷实施一对一现场调查，搜集调查数据。

项目负责人开始承担推进项目的职责，根据说明会备忘录确定的原则，制订可行性的项目推动计划和调查前作业准备。

学习目标

1. 素质目标

（1）培养学生从市场需求分析出发的设计思维。

（2）培养学生在广告调查中的分析能力和实践应用能力。

（3）培养学生善沟通、能协作、高标准、重创意的专业素质。

2. 知识目标

（1）了解调查问卷数据搜集方法。

（2）了解广告调查方法，掌握广告调查的操作流程。

3. 能力目标

（1）具备工作中处理与各方关系的沟通能力。

（2）具有较强的团队意识和客户意识。

建议课时：8学时。

工作流程与活动

工作活动1：任务确立（1学时）。

工作活动2：广告市场调查（6学时）。

工作活动3：评价与总结（1学时）。

工作活动4：企业专家、客户在线指导（课后拓展）。

工作活动1 任务确立

1. 活动思考

问题1 讨论具体调查方法，确定调查时间、地点、路线等。

问题2 小组成员根据各自所长，确定在小组中能承担的任务。

2. 思想提升

宋代思想家朱熹在《朱子语类》中提到：“知之愈明，则行之愈笃；行之愈笃，则知之愈益明。”在任务中该如何理解这句话？工作任务该如何开展？

3. 工作任务确立

（1）强调团队意识和客户意识，以及在市场调查过程中如何处理与各方沟通应变的能力。

（2）确定调查内容及目的。

（3）根据工作具体实施计划选择调查对象和场所。

（4）规定工作任务，安排时间进程。

工作活动2　广告市场调查

1. 活动思考

问题1　根据小组问卷内容，选择相应时间、地点、调查方案。

问题2　熟悉各种调查方法，能根据自己所调查产品确定相应的调查方法。

2. 思想提升

古人云："纸上得来终觉浅，绝知此事要躬行。"在任务中该如何理解这句话？工作任务该如何开展？

3. 活动实施

活动步骤	活动要求	活动安排	活动记录
步骤1 职业沟通联系	在实际工作中，项目组成员必须具有良好的沟通能力，实地一对一问卷调查，根据调查内容、调查对象情况，设计沟通内容及方式	具体活动：校外实地调查	照片、记录表
		具体活动：校外实地调查	照片、记录表
		具体活动：评价	照片、评价表
步骤2 完成问卷调查填写	实地考察，完善调查问卷内容，完成100份调查问卷的填写任务	具体活动：校外实地调查	照片、记录表
		具体活动：完成问卷填写	照片、记录表
			照片、记录表

4. 活动评价与总结

一级指标	评价内容	分值	自评	互评	教师
学习过程（60）	能够根据调查内容确定调查方案	10			
	根据具体实施计划选择调查对象和场所	10			
	能够根据调查内容做准确的沟通表达	10			
	能够制定合理的调查方法	10			
	能够在规定时间内在线签到	10			
	能够完成问卷调查	10			
作业得分（40）	制定调查方案的能力	10			
	沟通能力	10			
	小组成员合作情况	10			
	客户满意度	10			

工作活动 3 评价与总结

1. 评价

一级指标	二级指标	评价内容	分值	自评	互评	教师
工作能力（60）	小组协作能力	能够从不同的角度提出问题，并考虑解决问题的方法	10			
	表达能力	能够正确地组织和表达问卷的内容	10			
	创新能力	在小组讨论中能够标新立异，培养创新性	10			
		创新组织能力	10			
	实践操作能力	实地调查问卷整体统筹能力	10			
		能够根据自己获取的知识完成工作任务	10			
作业得分（40）	岗位职业能力	分析资料所得定位的准确性	10			
		广告调查方法运用准确	10			
		客户满意度	10			
		沟通表述能力	10			

2. 总结

沟通表达能力	提升	
	不足	
结论报告情况	提升	
	不足	
能力达成情况	具备	
	欠缺	
改进措施		

工作活动 4 企业专家、客户在线指导

企业专家在线指导意见	
客户在线沟通	

工作任务3

撰写市场调查报告

（完成阶段）

· 学生工作手册 ·

工作情景描述：广告调查是广告取得成功的前提条件，广告活动是综合性的销售促进活动，广告创意能否切中广告主题、实现广告目标，关键在于广告活动之前有没有进行深入透彻的调查与研究。本项目内容的组织是以广告设计公司典型的工作任务为逻辑起点，为完成广告运作全过程所需的技能、知识、态度要求而设计。

本工作任务是“自选某种产品，针对问卷调查的资料搜集、处理与分析，制定市场调查报告”，根据市场调查对于已完成的调查问卷进行市场环境、消费者、产品、竞争情况及媒体的分析。

项目负责人开始承担推进项目的职责，根据说明会备忘录确定的原则，制订可行性的项目推动计划并完成调查报告。

学习目标

1. 素质目标

（1）培养学生从市场需求分析出发的设计思维。

（2）培养学生在广告调查中的分析能力和实践应用能力。

（3）培养学生善沟通、能协作、高标准、重创意的专业素质。

2. 知识目标

（1）了解调查问卷资料搜集、处理与分析方法。

（2）了解广告调查报告的内容。

（3）制定广告调查报告。

3. 能力目标

（1）具备工作中处理与各方关系的沟通能力。

（2）具有较强的团队意识和客户意识。

建议课时：4学时。

工作流程与活动

工作活动1：任务确立（1学时）。

工作活动2：撰写市场调查报告（2学时）。

工作活动3：评价与总结（1学时）。

工作活动4：企业专家、客户在线指导（课后拓展）。

工作活动 1 任务确立

1. 活动思考

问题 1 调查报告文本写作具体包括哪些内容？

问题 2 小组成员根据各自所长，确定在小组中能承担的任务。

2. 思想提升

挫折教育引导和人文情怀培养在人才培养中非常重要，这包括培养同学之间相互尊重、互相爱护的情感，以及吃苦耐劳的精神。实施调查过程中体会、理解工作任务该如何展开。

3. 工作任务确立

（1）调查报告的格式规范。

（2）编制调查报告文本，报告中应对问题进行客观切实的分析，必须经过认真修改与审定之后才能完成。

（3）能正确解释调研结果，提出合理建议，为企业解决实际问题。

（4）评价与总结。

工作活动 2 撰写市场调查报告

1. 活动思考

问题 1 举例分析广告调查对广告运作的重要意义。

问题 2 广告调查具体内容有哪些？

2. 思想提升

大卫·奥格威在《一个广告人的自白》中提到："我从在普林斯顿随伟大的盖洛普博士做调查工作开始我的职业生涯。之后我当上了广告文案撰稿人，据我所知，我是唯一一个从干调查起家的创意高手。"在任务中该如何理解这句话？工作任务该如何开展？

3. 活动实施

活动步骤	活动要求	活动安排	活动记录
步骤1 调查数据整理	小组分工对调查问卷结果进行数据分析归纳	具体活动：组织、整理调查报告数据并形成图表	数据图表
步骤2 初步设计	撰写市场调查报告，WORD形式，不少于2500字	具体活动：组织、整理调查报告内容	文案WORD
步骤3 汇报与整理	通过汇报、展示、评价，经过多次反复，最终呈现，完成工作任务	具体活动：汇报准备	汇报记录表
		具体活动：方案改进	方案改进

4. 活动评价与总结

一级指标	评价内容	分值	自评	互评	教师
学习过程（60）	调查报告内容格式规范	10			
	能够根据调查内容进行客观切实的分析	10			
	能够完成调查数据图表分析	10			
	能正确解释调研结果，提出合理建议	10			
	能够在规定时间内在线签到	10			
	能够规范地形成文案	10			
作业得分（40）	撰写调查报告的能力	10			
	工作态度评价	10			
	小组成员合作情况	10			
	客户满意度	10			

工作活动 3　评价与总结

1. 评价

一级指标	二级指标	评价内容	分值	自评	互评	教师
工作能力（60）	小组协作能力	能够从不同的角度提出问题，并考虑解决问题的方法	10			
	表达能力	能够正确地组织和表达文案的内容	10			

续表

一级指标	二级指标	评价内容	分值	自评	互评	教师
工作能力（60）	创新能力	小组讨论中能够标新立异，培养创新性	10			
		较强理解、分析能力	10			
	实践操作能力	调查报告整体规划能力	10			
		能够根据自己获取的知识完成工作任务	10			
作业得分（40）	岗位职业能力	分析资料所得定位的准确性	10			
		文档制作规范	10			
		客户满意度	10			
		文案表述能力	10			

2. 总结

沟通表达能力	提升	
	不足	
结论报告情况	提升	
	不足	
能力达成情况	具备	
	欠缺	
改进措施		

工作活动 4 企业专家、客户在线指导

企业专家在线指导意见	
客户在线沟通	

评价与总结

1. 评价

指标	评价内容	权重	自评	互评	教师	企业	客户
课前探学	线上作业完成情况	10					
	线上讨论情况	10					
	线上资料学习情况	10					
课中任务	总结、分析能力	10					
	调查方案设计	10					
	市场调查报告完成情况	10					
课后拓展	企业专家满意度	20					
	客户满意度	20					

2. 总结

素质提升	提升	
	不足	
知识掌握	已会	
	不懂	
能力达成	具备	
	欠缺	
改进措施		

项目小结

广告市场调查是广告策划与创意的基础，市场调查活动是一切广告活动实施必不可少的前提，而广告策划创意的所有环节都是围绕市场调查展开的。只有系统地收集有关市场与相关背景资料，并在科学地概括分析的基础之上确立的广告策划，才能成功地实现广告创意策划的总体目标。

项目3

广告策划

导入案例

舒肤佳香皂的品牌营销战略

市场其实并不存在客观现实性，更不存在更好的产品，存在的只是顾客或者潜在顾客心中的认知。企业想要成为第一，就要在消费者心中占据一个重要的位置。品牌营销就是让消费者对自身品牌形成认知、选择的过程，舒肤佳占据了消费者在“除菌”这一领域的资源，树立了极高的品牌防御壁垒，从而获得一定的市场份额。只有符合消费者或者潜在顾客的认知，才能将产品卖出去。舒肤佳找到了一个贴近生活、平易近人、消费者能够接受且会选择的品牌营销战略，即“除菌”概念。引发消费者价值共振和情感共鸣，降低了影响消费者选择的成本，也降低了自身宣传成本。舒肤佳广告设计如图3-1所示。

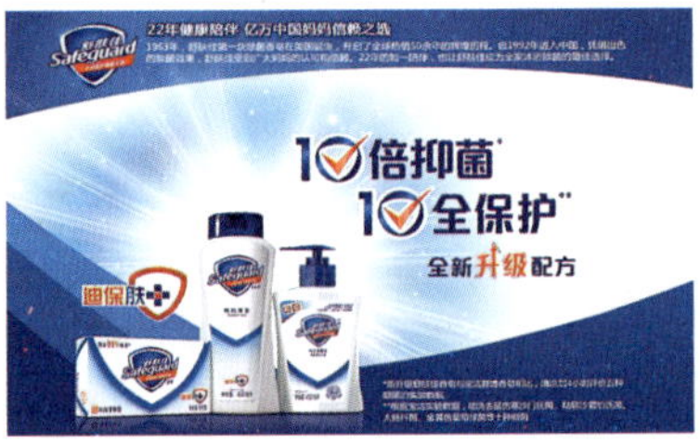

图3-1

舒肤佳不同于普通香皂的传统卖点策略，瞄准了一个人们看不见、摸不着，但知道它的存在，又每天不得不接触的“人类公敌”——致病菌。对于洗护用品，看得见的“清洁效果”几乎大家都能做得到，如果只是对比“洗得更干净”或“香味更独特”这些卖点，很难从众多产品中跳出来，这些常规卖点已经进入同质化竞争阶段。舒肤佳占领了一个独特的、有效的“消费场景”，做细分领域的冠军，但这个有效的消费场景如何设计？这就要回到香皂的基本功能上来，不管是洗手还是洗澡，香皂的作用就是清洁，价值就是洗得更干净，这个需求点是香皂价值的核心。相比之下，香味只是附加值，干净才是关键价值，于是舒肤佳开始重新定义“洗得干净”这个标准。

舒肤佳的场景占领营销攻势，孩子户外玩耍、与宠物玩耍、触碰各种沾满细菌的物品，这些都对孩子的健康造成一定程度的潜在威胁，家长在看到自己孩子接触这些场景时，内心就会产生担忧。如果再通过更直观的形式告诉家长，孩子手上甚至身上都可能沾满了各种“致病菌”，这就加剧了家长们的担忧，甚至因此产生更多焦虑。在舒肤佳广告的“激发”下，家长们再看到孩子浑身脏兮兮从户外回来时，此时看到的不仅是满身的泥土，更是满身的“致病菌”，这种焦虑就构成了“问题”，而舒肤佳恰恰就是专业解决这种问题的：有效除菌，长效抑菌。并且通过科学实验的形式来验证舒肤佳在除菌和抑菌方面的显著优势，更加强化了舒肤佳在消费者心中的“专业抗菌”形象。

工作任务导入

工作任务要求	根据上一项目的市场调查报告，制定策划方案，撰写广告策划书。 根据市场调查情况，小组确定产品的策划方案。 熟悉广告策划工作程序，并能根据策划方案形成策划书。 以小组为单位，每人都应分配相应任务，共同协作完成
工作任务导入	本项目由3个工作任务组成，任务要求、形式及建议学时如下： 任务要求：明确任务书要求，根据上一项目调查报告和搜集整理相关资料，确定广告目标，制订策划方案，撰写策划书。 任务形式：文字、图片、视频等资料，策划方案（PPT形式）、策划书。 建议学时：16学时。 工作任务1：资料搜集任务准备阶段，4学时 工作任务2：制定策划方案规划阶段，8学时 工作任务3：撰写策划书制定阶段，4学时
工作标准	1. 熟悉广告策划的流程，掌握广告策划活动各个环节的工作性质和工作内容。 2. 初步具备制订工作计划并按计划顺利完成任务的能力。 3. 具备工作中处理与各方关系的能力。 4. 具有较强的团队意识和客户意识及为他人服务的意识。 对接方式：广告策划理论、资料、策划方案、策划书，及对内小组成员合作过程，对外与调查对象沟通过程

小组协作分工

课前 请根据班级人数，每组4～5人，按异质分组原则分组，协作完成工作任务，并在下面表格中写出小组内每位成员的专业特长与专业成长点。

组名	成员姓名	专业特长	专业成长点

知识导入

问题 1　根据自己的消费经验，想一想平时都喝哪些品牌的矿泉水。选择该品牌的原因是什么？

问题 2　印象中市场上都有哪些品牌的矿泉水（图3-2）？想一想是从哪里了解到这些品牌的。

问题 3　讨论熟悉矿泉水品牌的宣传创意点。

图3-2

知识准备

3.1　广告策划工作程序

广告策划是一个系统而完整的运作过程，许多国家都建立了以策划为主体、以创意为中心的广告管理体系，可以说，广告策划的提出是现代广告活动科学化、规范化的标志之一。一个较完整的广告策划涵盖了从市场研究到创意构思，再到策略制定、执行监控和效果评估等一系列环节。通过广告策划工作，使广告准确、独特、及时、有效地传播，以刺激需要、诱导消费、促进销售、开拓市场。

广告策划的流程如下：

（1）市场调研与分析阶段

①商品研究：深入分析待推广的商品或服务的特性、优势、不足以及在市场中的位置，理解产品的生命周期阶段和目标市场定位。

②市场研究：搜集和分析行业发展趋势、市场规模、竞争格局、消费者行为习惯、购买动机等相关数据，为广告策划提供事实依据。

③消费者调查分析：通过问卷调查、访谈、焦点小组讨论等方式，深入了解目标消费群体的需求、偏好、价值观和媒体接触习惯。

（2）战略规划阶段

①确立广告目标：根据市场研究结果，明确广告活动的核心目标，可以提升品牌知名度、改变消费者态度、促进销售等。

②制定广告策略：基于目标，确定广告信息的内容策略、表现策略和媒介策略，明确广告想要传达的核心信息和创意方向。

③广告战略决策：选择合适的广告定位、诉求点和差异化策略，以区分于竞争对手，增强广告的吸引力和影响力。

（3）策划与创意阶段

①创意构思：根据广告策略，进行创意构思，设计广告的视觉元素、文字内容、音效和剧情结构等。

②广告内容制作：通过专业的创意团队，制作出具有说服力和感染力的广告作品，包括平面广告、视频广告、广播广告、户外广告或其他形式的广告创意。

（4）媒介策划与预算编制阶段

①媒介选择：根据目标受众的媒体接触习惯和广告预算，选择最适合的广告媒介，包括传统媒体（电视、广播、报纸、杂志、户外广告等）和新媒体（互联网、社交媒体、搜索引擎、移动广告等）。

②广告预算分配：合理规划广告总预算，细分到各个媒介渠道，确保广告投放的效益最大化。

③广告排期与发布计划：制订详细的广告投放时间和频率计划，确保广告的连续性和覆盖面。

（5）执行与实施阶段

①广告制作与发布：根据创意设计方案，进行广告的实际制作和发布工作，确保广告内容与创意标准相符，同时按时按质完成广告的投放。

②协调与监控：与媒介供应商、制作团队等方协调，监控广告制作和发布的全过程，确保广告活动按照计划顺利进行。

（6）评估与调整阶段

①广告效果评估：通过广告投放后的数据分析，如收视率、点击率、转化率、销售额等，对广告活动效果进行全面评估。

②反馈与总结：收集消费者、市场和媒介反馈信息，总结广告活动的成功之处和需要改进之处。

③策略调整与优化：根据评估结果，对广告策略进行适时调整，优化广告内容、媒介组合或投放策略，以适应市场变化和提高广告效率。

通过以上6个步骤的循环迭代，广告策划过程形成了一种动态的、系统化的管理模式，确保广告活动能够紧密围绕企业营销目标进行，不断提升广告效果和品牌价值。

知识链接

广告策划与广告计划

广告策划与广告计划既相互联系、密不可分，同时二者又有区别。

广告计划是实现广告目标的行动方案，它是一个行动文件，其侧重于规划与步骤；而广告策划的本质虽然也是为了实现广告目标，但它更强调的是借助于科学的手段和方法，对多个行动方案（即广告计划）做出选择和决定。

广告策划的全称可以看作是“广告策划活动”，它是一个动态的过程，它要完成一系列的决定，包括广告市场调查、广告环境分析、确立广告目标、产品研究、消费者行为研究、广告定位研究、广告创意研究、广告战略研究、媒体选择研究、广告发布时机研究、决定广告预算等（广告决策的内容）；而广告计划相对来说呈现出一种静止状态，是广告策划前期成果的总和与提炼。

广告策划作为一种动态的过程，还体现出其活动内容的多元化，它既要设定广告目标，寻求广告对象，又要制订广告计划、实施广告策略，检验广告活动效果（图3-3）。制订广告计划只是广告策划的主要任务之一。

广告策划工作运转之后，才能生产广告，广告计划是广告策划后的产物，是广告策划所决定的战略、策略、方法、部署、步骤的书面体现。

广告策划是一系列集思广益的复杂的脑力劳动，是一系列广告战略、策略而展开的研讨活动和决策活动，而广告计划是这一系列活动的归纳和体现，是广告策划所产生的一系列广告战略、广告策略的具体化。

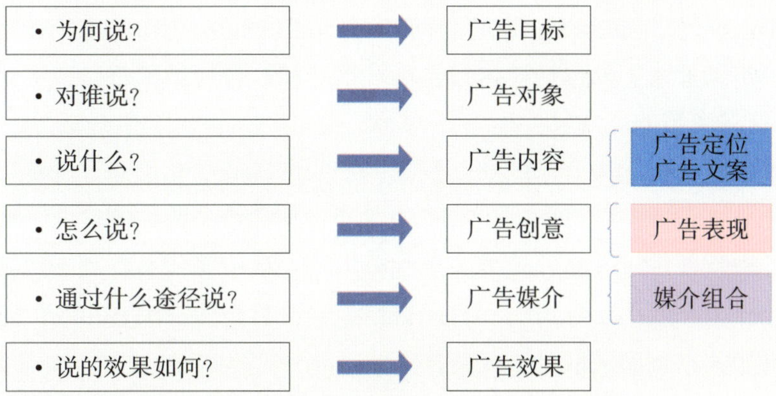

图3-3

3.2　广告策划要解决的问题

（1）制作出恰当的销售/品牌信息

确定产品或服务在市场中的定位，并找到与竞争对手的差异化点，设计引人注目的广告创意，吸引目标受众的注意力，激发其购买欲望。

（2）使该信息能到达恰当的受众

确定广告的目标受众是谁，包括他们/她们的年龄、性别、地域、兴趣爱好等特征，以便精准定位广告内容。

（3）选择合理的时机和渠道传达信息

选择合适的传播渠道，包括电视、广播、网络、社交媒体等，以确保广告能够有效触达目标受众。

（4）制定有效的品牌传播

确保广告与品牌形象一致，强化品牌认知度和品牌价值观。

（5）设置合理的反馈与优化

监测广告效果，收集反馈信息，及时调整广告策略，优化广告效果。

通过解决以上问题，广告策略可以更好地实现与目标受众的有效沟通，提升品牌知名度和销售业绩。

3.3　广告策划的内容

3.3.1　市场策略

广告是市场的产物，它主要是为推销产品服务的，离开了市场活动，广告的存在也就失去了意义。任何企业的产品都只能满足一定的市场需求范围与市场需求目标，因此，必须根据市场需求目标的需要进行生产和销售，并制定相应的市场营销策略与广告策略。广告的市场策略主要包括广告目标市场策略和广告促销策略。

（1）目标市场策略

目标市场策略指企业为自己的产品选择一定的市场范围和目标，满足一部分消费者的需要。任何一个企业，不可能满足所有消费者对某种产品的整体需要，而只能对消费者按不同的消费特征进行分类，形成各个细分市场，从中寻找最有利于发挥企业自身优势的细分市场作为企业的目标市场。目标市场策略，是企业在细分市场的基础上，选择出最有开发潜力的市场而采取的市场营销策略。

应用案例

宝洁公司追求的是不同品牌市场细分的产品功能化所带来的利益。宝洁公司致力于在组合营销的各个方面（广告、定价、产品包装等）来突显出每个品牌的独特，让每个品牌能拥有自己的忠实客户群和发展空间，从而占领足够大的日化品市场和实现广告、销售、采购和实体分销的规模经济。宝洁公司通过详细地分析每一个细分市场的需求，运用不同品牌功能或是档次价格上的差异来进一步市场定位，及时、准确地发现了属于自己的发展机会。例如，宝洁公司在中国最为畅销的“海飞丝”“飘柔”以及“潘婷”这三大美发用品品牌（图3-4），它们凭借各自给消费者带来的不同的美发体验，吸引了更多的消费者。“飘柔”一直以柔顺为它的首要使命，不管是从广告词“洗护二合一，让头发飘逸柔顺”，还是其产品配方都会强调产品能为广大爱美女性带来的一头柔顺的长发；而“海飞丝”则是以去屑功能闻名，标榜着带给消费者更好的去屑效果和更愉快的体验，“海飞丝”的产品线延伸都是以去屑为基础的不同形式，更是强调其得到了世界皮肤科大会医师的认可；而“潘婷”则侧重于修护秀发，宝洁公司更是宣称“潘婷”拥有着超越半世纪的修护科技，广告词“练出秀发能量，越洗越强”也无不体现了“潘婷”的市场定位。做好市场细分和差异化营销是多品牌战略成功的重要条件，宝洁公司多品牌战略成功的原因来自其差异化的品牌营销与精准的市场细分。

图3-4

（2）广告促销策略

广告促销是一种密切结合市场营销而采用的广告策略。这种广告策略不仅告知消费者购买产品有什么利益，以说服其购买，而且结合市场营销的其他手段，给予消费者更多的附加利益，以引起消费者对广告的兴趣，在短期内收到即效性广告效果，有力地推动产品销售。广告促销策略是多种多样的，它包括馈赠、文娱、中奖、公益等促销手段的运用。

应用案例

海底捞成功的营销方法得益于其独特的服务理念和营销策略。该品牌注重为顾客提供独特的用餐体验，包括定制化的服务、互动性强的就餐环境以及贴心的服务细节。在海底捞消费过的顾客都可以享受到舒适极致的服务体验，如图3-5所示。例如在排队过程中，消费者可以在等候区享受免费零食、网络、美甲等贴心服务；在点餐过程中，如果选择的菜品较多，服务员还会提醒消费者可以吃完再点，避免浪费；在就餐过程中，服务员随时随地地关注消费者的需求，及时提供相应的服务，例如为女性消费者提供皮筋；餐后会提供薄荷糖，还会主动为消费者提供打包服务等，提高了消费者对海底捞的消费忠诚度和黏性。此外，海底捞善于利用口碑营销和社交媒体平台，通过顾客口口相传和线上互动来扩大品牌影响力。这种结合了实体店面体验和数字化营销手段的全方位策略，使得海底捞在激烈的餐饮市场中脱颖而出，赢得了广泛认可和持续增长的市场份额。海底捞的成功主要体现在细节营销，着眼点在服务，很好地实现了差异化，不光在产品上有创新，服务上也为产品提供了增值服务。这样看来，海底捞的成功也就不是偶然了。

图3-5

3.3.2 产品策略

产品包括有形的物质实体和无形服务及其他因素。广告策划，一方面，能把产品的实质性能和外观性能、产品的生命周期、产品品牌形象完美地结合起来进行分析和研究；另一方面，能对无形产品服务和其他因素进行研究分析。广告策划只有从产品的整体性能出发，宣传、介绍产品，满足消费者对产品的整体需要，如图3-6所示。

产品生命周期是产品的市场寿命，即一种新产品从开始进入市场到被市场淘汰的整个过程。弗农认为：产品的生命是指市场上的营销生命，产品和人的生命一样，要经历

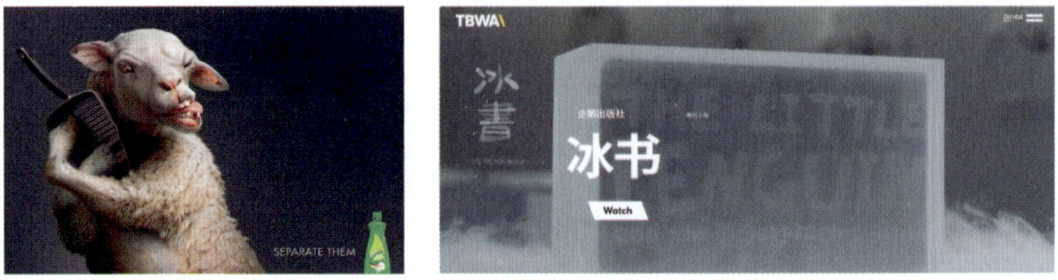

图3-6

形成、成长、成熟、衰退这样的周期。

（1）导入期市场特点

从设计投产直到投入市场进入测试阶段。新产品投入市场，便进入了介绍期。此时产品品种少，顾客对产品还不了解，除少数追求新奇的顾客外，几乎无人实际购买该产品。生产者为了扩大销路，不得不投入大量的促销费用，对产品进行宣传推广。该阶段由于生产技术方面的限制，产品生产批量小，制造成本高，广告费用大，产品销售价格偏高，销售量极为有限，企业通常不能获利，反而可能亏损。

（2）成长期市场特点

当产品进入引入期，销售取得成功之后，便进入了成长期。成长期是指产品通过试销效果良好，购买者逐渐接受该产品，产品在市场上站住脚并且打开了销路。这是需求增长阶段，需求量和销售额迅速上升。生产成本大幅度下降，利润迅速增长。与此同时，竞争者看到有利可图，纷纷进入市场参与竞争，使同类产品供给量增加，价格随之下降，企业利润增长速度逐步减慢。

（3）成熟期市场特点

产品走入大批量生产并稳定地进入市场销售。经过成长期之后，随着购买产品的人数增多，市场需求趋于饱和。此时，产品普及并日趋标准化，成本低而产量大。销售增长速度缓慢直至转而下降，由于竞争的加剧，导致同类产品生产企业之间不得不在产品质量、花色、规格、包装服务等方面加大投入，在一定程度上增加了成本。

（4）衰退期市场特点

产品进入了淘汰阶段。随着科技的发展以及消费习惯的改变等原因，产品的销售量和利润持续下降，产品在市场上已经老化，不能适应市场需求，市场上已经有其他性能更好、价格更低的新产品，足以满足消费者的需求。此时成本较高的企业就会由于无利可图而陆续停止生产，该类产品的生命周期也就陆续结束，以至最后完全撤出市场。

3.3.3 定位策略

广告的定位策略是广告策划的核心内容。“定位”（Positioning）是一种使产品更具竞争力的营销和广告策略。简言之，就是确定商品在消费者心中的位置，是指在广告宣传策划的整个活动中，最大限度地突出优势，强化个性，确定商品的基本品位和竞争中树立的独特形象。定位理论实质上是最大限度地挖掘消费者的心理需求，寻求消费者心里的空隙。谁能挖掘到消费者的潜在需求，确定恰当的定位，就能在激烈的竞争中取胜。广告定位策略概括起来有几方面：市场定位策略、产品定位策略、观念定位策略、企业形象定位策略、品牌定位策略。

（1）市场定位策略

市场定位策略是指企业在市场竞争中选择的目标市场和与竞争对手的差异化定位，以满足特定消费者群体需求并实现竞争优势的方法和手段。市场定位策略的核心是确定产品或服务在目标市场中的定位，以便吸引目标客户群体并与竞争对手区分开来，实现产品与消费者之间的最佳匹配，从而获得竞争优势并实现市场增长。例如特斯拉的定位是高端电动汽车市场，强调产品的科技含量和环保理念，在电动汽车行业中崭露头角，通过其独特的市场定位策略，成功地在全球范围内建立了强大的品牌影响力。这种以品牌高端定位、科技创新引领、环保理念先行、全球市场拓展、用户体验至上、垂直整合模式、智能驾驶趋势以及产品质量保障为核心的市场定位策略，提高了客户的购买体验和忠诚度，不仅使特斯拉成为电动汽车行业的领导者，也为其未来的发展奠定了坚实的基础，如图3-7所示。而宜家的市场定位是中低端家居市场，提供设计简洁、价格实惠的家居产品。宜家的产品注重实用性和美观性，同时还提供了一站式的购物体验和简单的组装服务，让消费者更加方便快捷地购买家居产品。

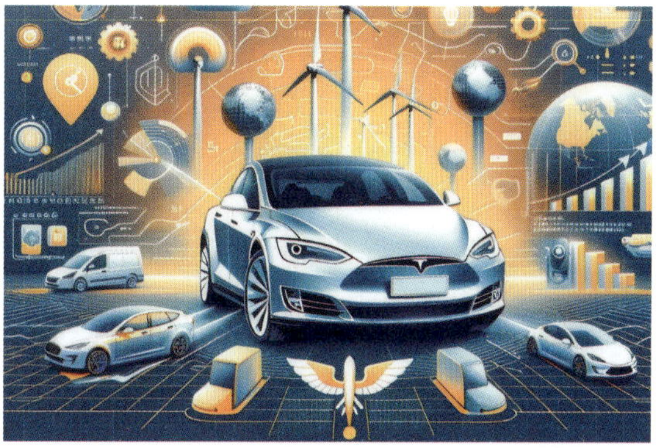
图3-7

（2）产品定位策略

产品定位是市场营销中的重要环节，它是指根据产品的特点、用户需求和市场趋势等因素，将产品定位于某个细分市场中，以此为基础进行产品推广和销售。企业根据消费者对其产品属性的重视程度，给产品确定一定市场地位的策略。产品策略在目标市场选择中的具体应用基本有两种：

①与竞争对手的产品相对比，显示自己产品的独特性：产品的独特性是企业在市场中打破僵局，获得新用户的关键。了解竞争对手的产品，找到差距，将相对优势变成独特性，推出针对市场的产品和营销策略，有助于提高市场份额，是非常重要的策略。如图3-8所示，来自凡士林以《破裂的画》为主题的海报，用生动直接的视觉效果并辅以夸张的手法，来展现凡士林对破裂皮肤的抚慰作用。

②与自己已有的系列产品相比较，显示出新产品的创新性：该策略体现在产品实体

的构造、形状、成分、性能、命名、商标、包装、价格等直观方面，以及满足消费者不同心理需要。

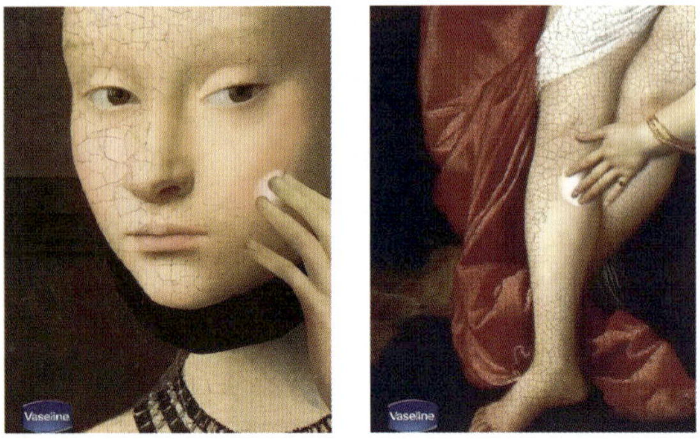

图3-8

限量运动鞋系列“Heinekicks”，在鞋底注入了喜力银啤酒（Heineken Silver），这双鞋的意义在于说明“在啤酒上行走”的概念，并在你行走时创造一种“出乎意料的光滑和独特”的感觉，模拟喜力银的丝滑口感。设计本身也采用了喜力啤酒标志性的配色，鞋面为绿色光栅、银色和红色点缀。鞋舌上还有一个可拆卸的金属开瓶器，如图3-9所示。

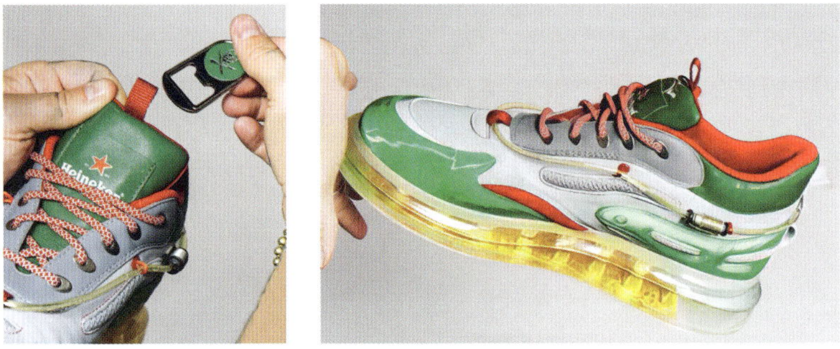
图3-9

（3）观念定位策略

根据诉求方式的不同，观念定位策略可分为逆向定位和是非定位两种。

①逆向定位策略：针对现代人所特有的逆反心理而采用的宣传方式，这就是所谓的“禁果效应”。根据这种效应，可以策划“正话反说”的宣传作品，通过“禁止”来刺激公众消费欲望，有时比正面宣传更加有效。

应用案例

美国第二大出租汽车公司——埃比斯出租汽车公司就是采用逆向定位策略而获得成功的。它在广告中既谈竞争对手的优点，也谈本公司的不足，在其“第二位宣言”中公开宣称：“本公司与哈兹公司相比是第二位的，因此要在充实服务上全力以赴。”这一定位，利用了人们心理上认为第二仅次于第一，与第一相差不多的定式，同情弱者的心理倾向以及良好的服务承诺，从而赢得了消费者的同情和信任，也体现了“不与竞争对手做恶性竞争”的策略，使广告活动获得了成功，通过广告宣传，乘坐埃比斯公司车的人越来越多了。

②是非定位策略：从观念上人为地把商品市场加以区分的定位策略。

应用案例

最有名的例子是美国的七喜（7UP）汽水（图3-10）。其在广告宣传中运用的是非定位策略，把饮料分为可乐型和非可乐型饮料两大类，七喜为自己的汽水精心设计了简短的广告词："七喜——非可乐"，一下子把饮料市场一分为二：一边是百事可乐、可口可乐等市场所有的可乐型饮料，另一边是刚刚面世的、非可乐的七喜，在众多的可乐饮料市场上为自己"创造"出了一个新的市场。从而突破可口可乐和百事可乐垄断饮料市场的局面，使企业获得空前成功。广告的产品定位策略，同样可用于企业定位、劳务定位。它是根据企业的营销策略、商品差别化、市场细分化、产品生命周期等状况，确定广告最有利的诉求位置的一种有效策略。该策略应用好坏，直接影响到广告效果。

图3-10

（4）企业形象定位策略

企业形象策略的确定就是在企业理念的指导下，综合考虑企业总体发展战略和市场营销战略的要求，设计、塑造出具有某种特色的企业形象的具体策略方案。例如：基于"正宗产品"的定位策略，适用于所有最早为其产品类型定位的公司。李维斯——正宗牛仔服装，可口可乐——真正的饮料，蓝带——啤酒的真正口味，白利——正宗爱尔兰加奶甜露酒，默顿——正宗加碘食盐，波音——第一喷气机家族等，如图3-11所示。

图3-11

（5）品牌定位策略

品牌定位是指企业在市场定位和产品定位的基础上，对特定品牌塑造形象的过程和结果。必须强调的是，品牌定位点不是产品定位点，品牌定位点可以高于产品定位点，也可以与产品定位点相一致。品牌定位点的开发不局限于产品本身，它源于产品，但可以超越产品。具体来说，企业可以从品牌产品、目标市场、竞争对手、品牌识别的其他方面及品牌关系等，全方位寻找和开发品牌的定位点。

应用案例

推广定位策略：只推品牌，不卖咖啡，卖的是都市白领的生活方式

星巴克把自己定位为极品咖啡中的翘楚，成为第三空间——家庭和工作以外的一个舒适的社交聚会场所，在这里的消费者可以体验极品咖啡的浓郁、浪漫，以及奢侈品一样的品质、细节和关怀，可以找到一种放松和归属感，满足消费者对品位、时尚以及社会地位的追求。

首先，星巴克在人们视野中的出镜率其实相当高，在电影、电视、营销活动、社交网络中都经常露脸。再加上全平台的自媒体宣传与互动，在宣传体量上，星巴克就比其他品牌高出许多个等级。

而更深的层面，身处餐饮业的星巴克在营销上并不像麦当劳、肯德基那样以产品为主角，营销重点不是口感、原料，而是放在品牌形象上，通过产品情境教育，和对特定人群的强关联，让品牌与潮流、前卫、高端、品位等感性概念产生联系，提升品牌溢价，如图3-12所示。星巴克这一品牌名称上，就可以清晰地明确其目标市场的定位：不是普通的大众，而是一群注重享受、休闲、崇尚知识、尊重人本位的富有情调的都市白领。

图3-12

3.3.4 广告表现策略

广告表现策略是为表现广告主题而在广告创作中所采取的一系列方式方法。把个性化的信息，通过创意，运用各种符号及组合，以通俗易懂、形象直观的形式，将抽象的广告主题或广告诉求概念表现出来，达到影响消费者购买行为的目的。广告表现策略的设定，解决了策略制定环节里下游的问题，根据广告任务的要求，在明确了产品诉求点、受众的范围以及媒体的选择时，确定广告表现的原则，即考虑如何把广告基本战略中确立的意图，用理想的形式加以表现和传达，确定使用什么类型的情节、情调、节奏，把信息的内容阐释开来，决定广告作品“说什么”和“怎么说”，以及如何表达的原则。这些问题将直接关系到广告作品是否能够吸引既定的消费者群体，使广告活动顺利推进，以达到广告预定的目的和目标。

广告表现策略的正确与否以是否有助于完成广告目标的要求为依据。广告表现策略其一是建立在对市场、产品和消费对象深入了解的基础上，要想挖掘它，就要深度理解消费者的爱好，理解产品的性格，理解竞争对手的弱点，从这些信息中过滤出可靠的、切中目标的内容。其二就是广告法规和广告的社会责任。随着广告规模的扩大，其对社会的影响及渗透力也越来越大。因此，就需要运用广告法律、行规和道德伦理来约束广告的具体内容和表现，使其遵循“公共秩序”。

广告表现策略制定即从广告战略到广告创意、广告制作的过渡阶段。因此，策略性地制定广告表现策略，不仅是广告科学化运作的基本要求，对广告战略的创意演绎也起着决定性的作用。如图3-13所示为ARIEL洗衣粉广告。

图3-13

3.3.5　媒体策略

广告媒体策略也称媒体计划，是广告投放前的运筹。在广告费用之内利用媒体组合把广告信息有效地传达给广告目标受众，这就必须对各媒体进行研究分析，既要产生理想的宣传效果，又要节约资金，是广告媒体策略中的一个关键问题。广告媒体策略主要包括媒体选择、广告发布日程和方式的确定等内容。对于广告宣传的得失有重要影响。

知识链接

所谓SWOT分析，即基于内外部竞争环境和竞争条件下的态势分析，就是将与研究对象密切相关的各种主要内部优势、劣势和外部的机会和威胁等，通过调查列举出来，并依照矩阵形式排列，然后用系统分析的思想，把各种因素相互匹配起来加以分析，从中得出一系列相应的结论，而结论通常带有一定的决策性。

运用这种方法，可以对研究对象所处的情景进行全面、系统、准确的研究，从而根据研究结果制定相应的发展战略、计划以及对策等。

按照企业竞争战略的完整概念，战略应是一个企业“能够做的”（即组织的强项和弱项）和“可能做的”（即环境的机会和威胁）之间的有机组合。

在完成环境因素分析和SWOT矩阵的构造后，便可以制订出相应的行动计划。制订计划的基本思路是：发挥优势因素，克服弱点因素，利用机会因素，化解威胁因素；考虑过去，立足当前，着眼未来。运用系统分析的综合分析方法，将排列与考虑的各种环境因素相互匹配起来加以组合，得出一系列公司未来发展的可选择对策。

3.4 编写广告策划书

广告策划书是把在广告活动中所要采取的行动和步骤以书面方式表达出来，目的是给广告活动提供一个整体运作大纲。大体格式如下。

①前言：包括广告主办单位名称，阐明广告目标，本次广告活动的背景，起总体概括作用。

②广告环境分析：包括公众市场、产品市场和资本市场。不同客户在不同的时空条件下，分别对应不同的市场，广告对象有所区别，相应广告诉求的内容也不同。

③消费者分析：从目标消费者的需求和动机出发进行调查分析。

④产品分析：列出产品的物理属性和附加特性，以及产品以往的市场定位。

⑤广告目标：广告要达到什么样的效果，广告的目的以及销售量和广告到达率等。在广告策划书中广告目标的设置要尽量明确具体。

⑥广告策略：运作的具体方式。

⑦广告创意：广告的创造性表现。

⑧广告表现：广告设计中在各种媒体上的具体图形、文案、情节、语言等表现手段。

⑨媒体策略：选择何种媒体以及选择的理由，媒体发布的广告安排等。

⑩广告预算：每项广告制作和发布需要的经费情况，总计需要多少广告投资等。

⑪广告效果评定：广告策划的最后环节和内容，通过评估可以判定广告活动的传播效果，为下次广告策划提供参考依据。

工作任务实施

工作任务1

任务分配、整体规划

（准备阶段）

·学生工作手册·

工作情景描述：广告策划就是在充分获得市场信息的前提下，预测市场的发展规律，在符合广告主营销策略的基础上，科学地制定广告总体战略，追求最优化的广告效果的活动过程。本任务内容的组织是以广告设计公司典型的工作任务为逻辑起点，为完成广告运作全过程所需的技能、知识、态度要求而设计。

本工作任务是上一项目工作任务“自选某种产品，进行市场调查，形成市场调查报告”的延续，根据市场调查报告，制定广告策划书。

项目负责人开始承担推进项目的职责，根据说明会备忘录确定的原则，制订可行性的项目推动计划和策划前作业准备。

学习目标

1. 素质目标

（1）培养学生从市场需求分析出发的设计思维。

（2）培养学生在广告策划中的创新思维和实践应用能力。

（3）培养学生善沟通、能协作、高标准、重创意的专业素质。

2. 知识目标

（1）了解广告策划的基础理论系统。

（2）了解广告策划作为动态的系统过程对于广告运作的重要性。

（3）熟悉广告策划的程序。

3. 能力目标

（1）具备工作中处理与各方关系的沟通能力。

（2）具有较强的团队意识和客户意识。

建议课时：4学时。

工作流程与活动

工作活动1：任务确立（1学时）。

工作活动2：资料整理分析（2学时）。

工作活动3：评价与总结（1学时）。

工作活动4：企业专家、客户在线指导（课后拓展）。

工作活动1 任务确立

1. 活动思考

问题1 全面了解广告策划程序，讨论策划所需的资讯。

问题2 小组成员根据各自所长，确定在小组中能承担的任务。

2. 思想提升

《礼记·中庸》中提到："凡事预则立，不预则废。"在任务中该如何理解这句话？工作任务该如何开展？

3. 工作任务确立

（1）描述模拟项目情景，成立广告策划小组。策划小组应由客户主管、策划创意、文稿撰写、设计制作、摄影摄像、市场调查及媒介公关等方面的人员组成。成立策划小组是用集体智慧来完成广告策划工作，是广告策划活动由经验化向规范化、科学化发展的有效途径。

（2）策划小组首先要对策划任务进行总体研讨，每个成员对本策划的目的、内容都有比较明确的了解，明确自己的任务。

（3）规定工作任务，安排时间进程。

工作活动2 资料整理分析

1. 活动思考

问题1 广告实施策略有哪些内容？如何合理应用？

问题2 深入理解SWOT分析方法的运用。

2. 思想提升

用经典案例理解广告与文化的关系，并做人文表达，提高专业兴趣，培养家国情怀，弘扬民族精神。

3. 活动实施

活动步骤	活动要求	活动安排	活动记录
步骤1 调查数据整理	立足于与消费者的良好沟通，有选择地汲取营销调查的相关成果。或者通过直接调查获得第一手资料，或者通过其他间接途径搜集有关信息，最大限度地获取相关材料	具体活动：调查市场、搜集信息和相关材料	数据图表
步骤2 初步设计	对调查、搜集的全部资料和数据进行归纳、总结，要求能够描述现状，揭示趋势，为下一步制定策略提供参考依据	具体活动：研究和分析相关资料数据	文案WORD
步骤3 汇报与整理	完成环境因素分析和SWOT矩阵的构造后，便可以制订出相应的行动计划	具体活动：运用SWOT调查研究方法	汇报记录表

4. 活动评价与总结

一级指标	评价内容	分值	自评	互评	教师
学习过程（60）	能够小组合作完成分配任务	10			
	能够正确地分析、总结和表达文案的内容	10			
	能够分享本组营销调查的相关成果	10			
	能够有效利用课外资源、具自主学习能力	10			
	能够在规定时间内在线签到	10			
	能够根据自己获取的知识，规范、严谨地撰写SWOT文案	10			
作业得分（40）	分析资料所得数据报告的准确性	10			
	正确完成SWOT矩阵构造	10			
	小组成员合作情况	10			
	客户满意度	10			

工作活动 3 评价与总结

1. 评价

一级指标	二级指标	评价内容	分值	自评	互评	教师
工作能力（50）	思维能力	能够从不同的角度提出问题，并考虑解决问题的方法	10			
	表达能力	能够正确地分析、总结和表达文案的内容	10			
	创新能力	在小组讨论中能够与他人交流自己的想法，能够跳出固有的课内课外的知识，提出自己的见解	10			
	实践操作能力	能够根据自己获取的知识，规范、严谨地撰写结论文案，完成工作任务	20			
学习策略（20）	学习方法	能够有效利用课外资源、具有自主学习能力	10			
		团队协作，共同学习的能力	10			
作业得分（30）	岗位职业能力	分析资料所得结论的准确性	10			
		正确完成SWOT矩阵构造	10			
		客户满意度	10			

2. 总结

沟通表达能力	提升	
	不足	
数据分析情况	已会	
	不懂	
结论报告情况	提升	
	不足	
能力达成情况	具备	
	欠缺	
改进措施		

工作活动 4　企业专家、客户在线指导

企业专家在线指导意见	
客户在线沟通	

工作任务2

制定策划方案

（规划阶段）

· 学生工作手册 ·

工作情景描述：广告策划就是在充分获得市场信息的前提下，预测市场的发展规律，在符合广告主营销策略的基础上，科学地制定广告总体战略，追求最优化的广告效果的活动过程。本项目内容的组织是以广告设计公司典型的工作任务为逻辑起点，为完成广告运作全过程所需的技能、知识、态度要求而设计。

本工作任务是上一项目工作任务“自选某种产品，进行市场调查，形成市场调查报告”的延续，根据市场调查报告，制定广告策划书。项目组成员进行战略规划，以策划创意人员为中心，结合其他小组成员对广告目标加以分析，制订可行性的项目推动计划和策划方案。

学习目标

1. 素质目标

（1）培养学生从市场需求分析出发的设计思维。

（2）培养学生在广告策划中的创新思维和实践应用能力。

（3）培养学生善沟通、能协作、高标准、重创意的专业素质。

2. 知识目标

（1）广告策划的基本概念。

（2）市场的概念及特点功能、市场细分。

（3）产品认识与定位。

（4）广告表现策略。

3. 能力目标

（1）具备工作中处理与各方关系的沟通能力。

（2）具有较强的团队意识和客户意识。

建议课时：8学时。

工作流程与活动

工作活动1：任务确立（1学时）。

工作活动2：产品定位（3学时）。

工作活动3：广告策略整体规划（3学时）。

工作活动4：评价与总结（1学时）。

工作活动5：企业专家、客户在线指导（课后拓展）。

工作活动1 任务确立

1. 活动思考

问题1 广告目标及其确定方法。

问题2 掌握对市场、产品、企业、消费者的分析方法。

问题3 整体策划方案内容。

2. 思想提升

制定策划方案过程中引导学生结合时事热点话题，向学生传递敬畏和感恩的理念。让学生们了解身在校园，心系天下是青年大学生的高尚情怀。

3. 工作任务确立

（1）对前期分析研究的成果，作出决定性、战略性选择。

（2）根据目标市场策略确定广告的定位策略和诉求策略，进而发展出广告创意和表现策略，根据产品、市场及广告特征提出合理的媒体组合策略、促销组合策略等。

（3）这一阶段的规划还涉及广告机会的选择、广告计划的制订以及有关广告预算等。

工作活动2 产品定位

1. 活动思考

问题1 策划的产品针对的目标消费者是谁?

问题2　策划的产品与同类产品的不同点是什么？

2. 思想提升

在产品定位中，善于用中国品牌彰显中华文化软实力，增强责任感和使命感。

3. 活动实施

活动步骤	活动要求	活动安排	活动记录
步骤1 职业沟通联系	在实际工作中，设计师除了要掌握扎实的设计能力，还必须具有良好的沟通能力，与客户进行良好沟通等。以小组为单位，通过角色（设计师、客户）扮演，练习人与人之间的沟通能力	具体活动：角色选择	照片、记录表
		具体活动：角色扮演	照片、记录表
		具体活动：评价	照片、评价表
步骤2 设计准备	看案例，学习策划书表达形式	具体活动：讨论案例	照片、记录表
		具体活动：小组任务构思	定位策略构思
			表现策略构思
步骤3 设计方案制定	①文案撰写 ②从消费者、市场、产品、竞争等方面思考定位	策划思路形成	策划初步方案

4. 活动评价与总结

一级指标	评价内容	分值	自评	互评	教师
学习过程（60）	确定广告目标	10			
	能够对产品有准确的定位	10			
	能够完成广告创意和表现策略	10			
	能够制定合理的媒体策略	10			
	能够在规定时间内在线签到	10			
	能够规范地形成文案	10			
作业得分（40）	分析定位的准确性	10			
	创意和表现符合定位	10			
	小组成员合作情况	10			
	客户满意度	10			

工作活动 3 广告策略整体规划

1. 活动思考

问题 1 已经完成了方案的制定，下一步要做什么？

问题 2 如何完成策划书的撰写？

2. 思想提升

荀子《劝学》中提到：“不积跬步，无以至千里；不积小流，无以成江海。”结合工作活动该如何理解？如何去做？

3. 活动实施

活动步骤	活动要求	活动安排	活动记录
步骤1 初步设计	结合网络资源，讨论出策划大纲	具体活动：产品定位	文案、设计图
		具体活动：广告表现策略	文案、设计图
		具体活动：媒体策略	文案、设计图
步骤2 设计方案 汇报与整理	无论是草图或方案图，还是只是一种设计方案的设想，总是要通过不同的途径或方式，经过多次反复研究与讨论做出评价	具体活动：汇报准备	汇报记录表
		具体活动：展示评价	评价表
		具体活动：方案改进	方案改进

4. 活动评价与总结

一级指标	评价内容	分值	自评	互评	教师
学习过程（60）	确定产品名称、标志、广告语	10			
	能够根据定位做准确的设计表达	10			
	能够完成广告创意和表现策略	10			
	能够制定合理的媒体策略	10			
	能够在规定时间内在线签到	10			
	能够规范地形成文案	10			
作业得分（40）	制定策划案能力	10			
	设计创意和表现能力	10			
	小组成员合作情况	10			
	客户满意度	10			

工作活动 4 评价与总结

1. 评价

一级指标	二级指标	评价内容	分值	自评	互评	教师
工作能力（60）	小组协作能力	能够从不同的角度提出问题，并考虑解决问题的方法	10			
	表达能力	能够正确地组织和表达文案的内容	10			
	创新能力	在小组讨论中能够标新立异，培养创新性	10			
		创新设计能力	10			
	实践操作能力	策划书整体规划能力	10			
		能够根据自己获取的知识完成工作任务	10			
作业得分（40）	岗位职业能力	分析资料所得定位的准确性	10			
		PPT制作规范	10			
		客户满意度	10			
		文案表述能力	10			

2. 总结

沟通表达能力	提升	
	不足	
结论报告情况	提升	
	不足	
能力达成情况	具备	
	欠缺	
改进措施		

工作活动 5 企业专家、客户在线指导

企业专家在线指导意见	
客户在线沟通	

工作任务3

撰写策划书

（完成阶段）

· 学生工作手册 ·

工作情景描述： 广告策划就是在充分获得市场信息的前提下，预测市场的发展规律，在符合广告主营销策略的基础上，科学地制定广告总体战略，追求最优化的广告效果的活动过程。本项目内容的组织是以广告设计公司典型的工作任务为逻辑起点，为完成广告运作全过程所需的技能、知识、态度要求而设计。

本工作任务是上一项目工作任务“自选某种产品，进行市场调查，形成市场调查报告”的延续，根据市场调查报告，制定广告策划书。

项目负责人开始行使推进项目的职责，根据说明会备忘录确定的原则，经过认真修改与审定之后，制定编制广告策划文本。规划方案过程应尊重小组成员的个性，重视小组成员的个性与差异化需求，激发小组成员的学习动力，提高团队的整体潜力，真正使每一个成员参与到团队工作任务中，增强小组的团队协作能力。

学习目标

1. 素质目标

（1）培养学生从市场需求分析出发的设计思维。

（2）培养学生在广告策划中的创新思维和实践应用能力。

（3）培养学生善沟通、能协作、高标准、重创意的专业素质。

2. 知识目标

（1）掌握广告策划的形式、内容、结构。

（2）学习广告策划的设计程序与方法。

（3）制定策划书。

3. 能力目标

（1）具备工作中处理与各方关系的沟通能力。

（2）具有较强的团队意识和客户意识。

建议课时：4学时。

工作流程与活动

工作活动1：任务确立（1学时）。

工作活动2：制定撰写策划书（2学时）。

工作活动3：评价与总结（1学时）。

工作活动4：企业专家、客户在线指导（课后拓展）。

工作活动1 任务确立

1. 活动思考

问题1 广告策划文本写作具体包括哪些内容？

问题2 广告策划与广告设计的关系。

2. 思想提升

《劝学解》中提到："行成于思毁于随。"在任务中该如何理解这句话？工作任务该如何开展？

3. 工作任务确定

（1）把战略规划用具体系统的形式加以规范，要确定广告运作的时间和空间范围，还要对媒体的选择和运用做出限定，包括用怎样的媒体组合比较合理、广告的频率如何、需要多少经费预算才能支持这样的频率等。

（2）编制广告策划文本，即策划书。策划书既是策划成果的集中体现，也是策划人员向客户说明并争取广告业务的文本依据，因而必须经过认真修改与审定之后才能完成。

（3）与客户进一步沟通，并对策划阐释说明，最后就广告策划方案达到一致意见。

（4）评估与总结。

工作活动2 制定撰写策划书

1. 活动思考

问题1 广告进行创作、设计、媒体发布，思考如何对整个过程进行监控和调节。

问题2 媒体策略如何合理利用线上线下资源？

2. 思想提升

孙子说："上兵伐谋，其次伐交，其次伐兵，其下攻城。"在任务中该如何理解这句话？工作任务该如何开展？

3. 活动实施

活动步骤	活动要求	活动安排	活动记录
步骤1 初步设计	制定策划书，PPT形式，不少于30页	具体活动：组织、整理策划内容	文案PPT
步骤2 汇报与整理	通过汇报、展示、评价，经过多次反复，最终呈现，完成工作任务	具体活动：汇报准备	汇报记录表
		具体活动：方案改进	方案改进

4. 活动评价与总结

一级指标	评价内容	分值	自评	互评	教师
学习过程（60）	确定产品名称、标志、广告语	10			
	能够根据定位做准确的设计表达	10			
	能够完成广告创意和表现策略	10			
	能够制定合理的媒体策略	10			
	能够在规定时间内在线签到	10			
	能够规范地形成文案	10			
作业得分（40）	制定策划案能力	10			
	设计创意和表现能力	10			
	小组成员合作情况	10			
	客户满意度	10			

工作活动3 评价与总结

1. 评价

一级指标	二级指标	评价内容	分值	自评	互评	教师
工作能力（60）	小组协作能力	能够从不同的角度提出问题，并考虑解决问题的	10			
	表达能力	能够正确地组织和表达文案的内容	10			

续表

一级指标	二级指标	评价内容	分值	自评	互评	教师
工作能力（60）	创新能力	在小组讨论中能够标新立异，培养创新性	10			
		创新设计能力	10			
	实践操作能力	策划书整体规划能力	10			
		能够根据自己获取的知识完成工作任务	10			
作业得分（40）	岗位职业能力	分析资料所得定位的准确性	10			
		PPT制作规范	10			
		客户满意度	10			
		文案表述能力	10			

2. 总结

沟通表达能力	提升	
	不足	
结论报告情况	提升	
	不足	
能力达成情况	具备	
	欠缺	
改进措施		

工作活动 4　企业专家、客户在线指导

企业专家在线指导意见	
客户在线沟通	

评价与总结

1. 评价

指标	评价内容	权重	自评	互评	教师	企业	客户
课前探学	线上作业完成情况	10					
	线上讨论情况	10					
	线上资料学习情况	10					
课中任务	总结、分析能力	10					
	方案设计	10					
	策划书完成情况	10					
课后拓展	企业专家满意度	20					
	客户满意度	20					

2. 总结

素质提升	提升	
	不足	
知识掌握	已会	
	不懂	
能力达成	具备	
	欠缺	
改进措施		

项目小结

广告策划，是根据广告主的营销计划和广告目标，在市场调查的基础上，利用已经掌握的知识（情报或资料）和手段，科学、合理、有效地布局营销与活动进程，并预先推知和判断市场态势和消费群体定式的需求，制定出一个与市场情况、产品状态、消费群体相适应的经济有效的广告方案，并加以评估、实施和检验，从而为广告主的整体经营提供良好服务的活动。

项目4

广告创意策略

导入案例

戴眼罩的男人——海塞威衬衫的绝妙创意

图4-1

这则广告使得海塞威衬衫公司在产品默默无闻百余年后，仅一年内的销量就提高了3倍，海塞威衬衫一举成功。创作该广告的是大卫·奥格威，他39岁时才开始写广告，写出了很多流传于世的著名广告，其中就包括这则著名的戴眼罩的穿海塞威衬衫男人的广告。即用穿衬衫的人而不是衬衫本身来界定品牌，就是给模特戴上眼罩。他让一位以模特为职业的白俄罗斯贵族难民乔治·兰格尔蒙上一只眼睛，这样一来给这位人物平添了一层神秘色彩，如图4-1所示。结果，这个戴眼罩的男人广告一下子在全国走红，奥格威自己也声名大噪。奥格威自己也说："我倒希望名声能来自一些比较严肃的成就。"

广告使海塞威衬衫在114年的默默无闻之后，一下子闻名全国。之后，戴眼罩的男人出现在不同场景的广告中：在卡耐基大厅指挥纽约爱乐乐团、演奏双簧管、临摹戈雅的画、击剑、驾驶游艇、购买雷诺阿的绘画作品等，看上去这位高雅男士总是在思考下一个鸡尾酒会上该做些什么，连奥格威自己都说，"其实我真希望自己是这个模特"。戴眼罩的男人成为海塞威衬衫的品牌标志，他代表着一种与众不同、超然世外的生活方式。他过着一种无须掩饰的自在生活，尽管大家都明白他其实有点装模作样。同时，这也是向受众制造的"记忆抓手"，真正使这个广告流传于世的还是广告中的那个道具——眼罩。一提到"海塞威"衬衫，我们的脑海中就会立刻闪现出那只"眼罩"，这已经成为"海塞威"最突出的标志。

奥格威公司当年代理海塞威衬衫全国性广告时，只在这个项目上赚了6000美元，而8年后，该品牌的销售额就从500万美元上升到1300万美元。这个戴眼罩的男人的广告创意一直使用了近30年，在广告史上，这一形象一直都是不朽的典范。

工作任务导入

工作任务要求	通过创意小组的交流与讨论，会产生大量好的创意想法，有了这些好的创意想法，就要及时把它记录下来，也就是要编写创意大纲。根据产品定位，构思创意表现如下： 根据广告策划书内容，小组确定产品的创意方案。 熟悉广告创意的表现手法，并能根据不同媒体形式进行创意表现。 以小组为单位，每人都应分配相应任务，共同协作完成。同时培养学生认真负责的工作态度和耐心细致的工作作风
工作任务导入	本项目由3个工作任务组成，任务要求、形式及建议学时如下： 任务要求：明确任务书要求，根据策划书构思创意表现。 任务形式：文案，实施过程照片、视频、资料、脚本等。 建议学时：8学时。 工作任务1：创意思维练习2学时 工作任务2：分析策划书定位确定创意主题2学时 工作任务3：不同媒体形式广告创意表现4学时
工作标准	1. 能够分析广告创意点。 2. 能够根据创意，寻求相适应的媒体表现。 3. 具备工作中处理与各方关系的能力。 4. 具有较强的团队意识和客户意识。 对接方式：广告创意理论、表现方法，方案，及对内小组成员合作

小组协作分工

课前 请根据班级人数，每组4～5人，按异质分组原则分组协作完成工作任务，并在下面表格中写出小组内每位成员的专业特长与专业成长点。

组名	成员姓名	专业特长	专业成长点

知识导入

问题 1　你所欣赏的品牌名称是什么？

问题 2　你印象最深的广告是哪一个？谈谈其中的创意。

问题 3　如何理解图4-2所示招贴广告设计中的创意表现？

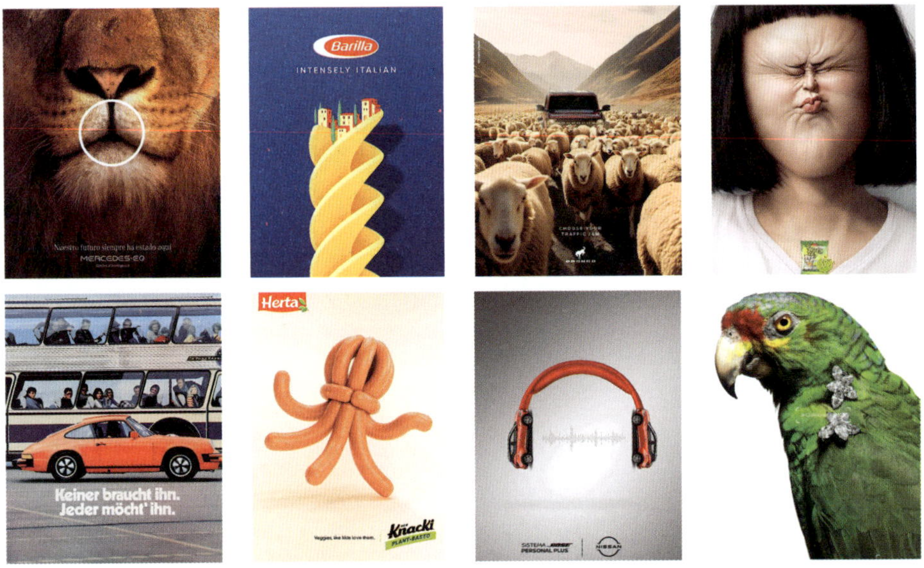

图4-2

知识准备

4.1　广告创意策略内涵

广告创意就是以市场调查分析为基础，以实现广告客户的广告目标为基本指向，通过运用创造性思维将抽象的产品诉求概念具象化和艺术化的过程，也可指具有独创意义的广告创意、想法或构思。广告创意是表现广告主题的、能有效地与受众沟通的艺术构思。这是大多数论著和广告人的观点，即广告人为了达到产品或服务销售的广告目标，对广告创作对象进行的创造性的思维活动，通过联想、想象和组合，对广告主题、内容和表现形式进行的新颖的艺术构思，以期与消费者达到有效沟通。

4.2 广告创意的原则

越来越多的广告主开始认识到，创意的优劣所产生的广告到达效果、沟通效果、市场效果是不一样的。那么，什么样的广告才能称为成功的广告？什么样的创意才能称为好创意？众多成功的广告创意各具特色，把成千上万的优秀广告作为整体研究对象，通过归纳和总结，可以得出创意具有普遍性或规律性。一般而言，构思广告创意时必须遵循一定的原则。

4.2.1 真实性原则

广告的真实性是指广告涉及的信息内容（或称基本事实）的真实。真实性是广告的生命，是广告成功的前提，也是广告创意最根本的原则。广告只有内容真实可信，才具有生命力和感染力，才能让人信服，才能真正赢得消费者的信任。如果违背真实性原则，则会损害消费者利益，造成不良的社会影响。

真实性在广告中表现为实事求是地反映商品的特性、功能、产地、用途、质量、价格或者相关服务的内容、形式、质量、价格等，不能言过其实。消费者对广告商会有一种天然的怀疑与抗拒心理，相比漂亮的说辞，他们更愿意相信现实的论据，因此广告中使用的有关数据、统计资料、调查结果、实验证明等要清楚明确，且标明出处，以增强广告的说服力。

广告的真实性体现在信息内容的真实，即消费者所获得的利益点和品牌承诺等的真实。在表现方法上，并不要求体现现实、完全的真实，可以创造性地采用艺术手法来表现，根据诉求的需要进行某些必要的虚构，如虚拟的场面、人物、情节故事、行为等来表现真实的产品信息，使广告更加生动、形象，更具感染力，让消费者更加直观、直接、清晰地了解广告主题，这并不违背广告的真实性。如图4-3所示，高乐氏公司在户外投放了一则广告，用实力来证明“用了高乐氏，什么地方都不怕”。

图4-3

4.2.2 思想性原则

广告创意在体现真实性原则的基础上，还要体现思想性原则。现如今广告已经渗透到生活的方方面面，既是一种经济现象，也是一种文化现象，其所传递的社会文化价值观，自觉或不自觉地对受众的审美观、道德观、价值观乃至社会风气形成了潜移默化的影响。为了确保广告的思想性，应在广告中传播健康先进的思想观念，倡导积极向上的生活方式。

应用案例

Bananain蕉内公司作为一家代表新国货服装品牌的企业，通过在五四青年节推出的广告大片，展示了其对国人生活品质和民族自信的关注和承诺。这种行为不仅是一次品牌宣传活动，更是一种文化表达和社会使命的体现。产品底线的高低，在于标准制定的高低。蕉内从产品设计到用户体验，都坚持用更高的标准要求自己，推动革新与改变，决心让一亿家庭都拥有不设限的高品质生活。这份强烈的社会使命感根植于蕉内品牌基因之中。实力决定地位，在五四青年节这个特殊的日子，以蕉内为代表的新国货品牌凭借上佳品质和先锋设计的综合实力，呐喊出了每一位国货人的民族自豪感。蕉内希望号召更多新青年加入进来，携手为国人的生活品质和民族自信画出更高的底线，如图4-4所示。

“蕉内五四上央视做招聘广告”的创意，引起了人民网等主流媒体的报道、点赞，不仅是在央视上发声，蕉内更是携手完美日记、永璞、猫王收音机、自嗨锅、北鼎、usmile等新国货品牌，共同表达态度，展示新国货品牌的底气和自信。“底线宣言”不仅是蕉内的信念表达，也是对新青年投身国货事业的热切号召，如图4-5所示。当前的新国货品牌正处于快速成长阶段，需要活跃、敏锐、坚韧的新生力量，共同探索未来，为国货事业注入新的活力和动力。Bananain蕉

图4-4

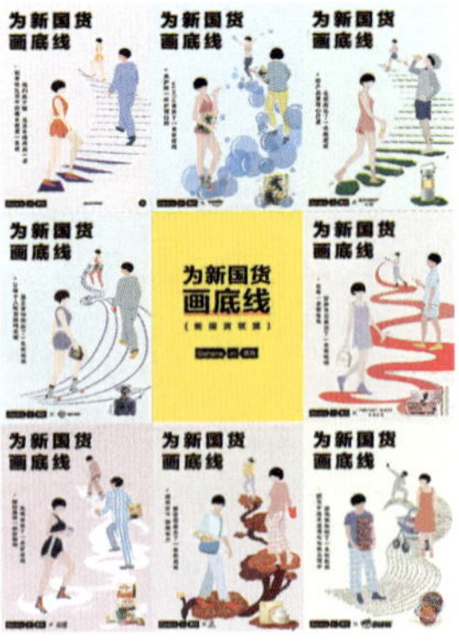

图4-5

内在五四青年节推出的广告活动，不仅是一次营销举措，更是品牌文化、社会责任和消费者行为等方面理论的有机结合，为品牌建设和社会影响力的提升奠定了坚实基础。

4.2.3　通俗性原则

（1）广告信息的传播模式

广告信息的传播模式是信息发送者传递出的信息通过编码经由一定的渠道到达接受者，接受者对信息的接受和理解就是信息的解码过程。这种传播过程得以实现，前提是传受双方有共同符号的储备系统，包括大致相近的文化背景、生活习俗、消费文化、知识结构等。只有这样，才能传授相通，相互理解。广告主将所传递的广告信息通过图形符号、声音符号、文字符号等形式传递给受众，受众看到广告之后，要根据自己的认知和理解将这些符号还原成广告信息。广告只有通俗易懂，才能让消费者一看就懂，一听就知，从而达到沟通的目的。

应用案例

VOLVO汽车经典广告《核桃篇》画面的主体是一个坚硬的核桃被敲开后里面还有一层，在右下角有VOLVO（沃尔沃）品牌字体，如图4-6所示。这就非常形象地表达出沃尔沃汽车坚固的主题，而且还是双层的坚固。其中含义不言而喻，生动展现了沃尔沃的坚固结实，使人的安全感油然而生。广告运用了隐喻和借喻的方法，选取大家眼中熟悉的事物表现抽象的概念，将所指的意义和商品等同起来。这种意义的嫁接和转移之所以能够成功，其根本原因是广告中的符号"核桃"的所指意义可以被转移到汽车上，易于理解，在这个过程中被强化和突出来完成广告创意。

图4-6

（2）通俗性与艺术性

广告是面向广大受众的，广告的受众包括各个文化层次和年龄段的人们，所以要先确定目标消费者的具体情况，如年龄、性别、文化程度、生活形态等。广告创意所选择的表现要素，要能够为受众普遍接受且广泛传播。广告创意的阅读要求，要与目标消费者的阅读水平对等。如果受众能够普遍理解就是通俗的，只有这样才能让产品占领更大的市场。有时广告会运用艺术性的表现方法，但要明确一点，广告作品毕竟与艺术作品不同，不能一味追求高雅深奥，也不能不着边际地标新立异，使人感到晦涩、怪僻。比如广告的语言、画面、广告中的人物和情节等都应当贴近生活，亲切感人，易于为人们所理解。如图4-7所示，运用幽默风趣的手法，把世界著名建筑靠着雀巢咖啡，体现出咖啡提神醒脑、给人动力的特点。

图4-7

（3）通俗性与本土化

广告传递的是一种文化，不同国家、不同民族、不同地区具有不同的文化特征，包括语言风格、风俗习惯、民族禁忌等，在进行品牌广告的跨文化传播中，广告创意设计人员要尊重不同国家的传统文化和民族尊严，加强文化的沟通与理解。要正确运用本土文化元素，否则会传达错误的信息，广告则对品牌造成负面影响，不可小觑。在广告策划中，通俗性和本土化是非常重要的因素，能够帮助广告更好地传达信息、吸引受众、提升品牌影响力，从而取得更好的营销效果。

应用案例

肯德基在中国市场推出了“肯德基送你回家”广告系列，通过讲述温暖感人的故事，展现家庭团聚和亲情关怀的主题。这些广告以通俗易懂的情节和情感触动的故事，引起了广大消费者的共鸣和情感连接。

在本土化方面，肯德基推出了符合中国人口味的产品，如辣味鸡翅、香辣鸡腿堡等，满足了中国消费者对口味的需求。此外，肯德基还在广告中融入了中国文化元素，如中国传统节日、民俗风情等，使广告更具有亲和力和吸引力，如图4-8所示。

图4-8

同时，肯德基还邀请了中国知名的明星和网红代言，增加了广告的影响力和关注度。这些明星代言人的形象和号召力，进一步提升了广告的传播效果和品牌认知度。

通过通俗性和本土化的广告策划，肯德基成功地在中国市场树立了亲民、亲情、本土化的形象，吸引了大量消费者的关注和喜爱，取得了良好的市场反响和营销效果。

4.2.4　关联性原则

关联性原则主要是指广告创意必须与产品、消费者、竞争者产生联系。不少广告做得足够漂亮，文案华丽，形式新颖，也吸引了受众关注，但是看过之后不知道广告宣传的是什么产品、这个产品有何用、有何特点，这些最重要的信息被制作者忽略了，那么这则广告就是毫无意义的。只有受众最终注意并了解了产品，进而产生了购买行为，广告才具有实效性。

（1）与产品的关联性

广告创意必须紧密结合产品，因为广告主花钱做广告的最终目的是销售产品。要实现这一关联性，首先要对产品个性有清晰的了解，以确定广告诉求点，并在此基础上获取与创意有关的资料，激发灵感。产品个性，应该是人无我有、人有我优、独一无二的，一般可以从产品的性能、价格、质量、市场等基本价值，以及产品给人心理上的感受等附加价值方面去寻找。另外，在准确把握产品个性的基础上，发展创意。可在广告中直接诉求产品，它通常以逼真、生动、诱人的写实手法来表现产品的质感和性能。也可运用多种思维方法找到创意传达的广告意象，即展现产品个性的替代物，它可以是人、事、物，也可以是细节、场景等。选择喻体的原则是能够引发消费者的联想，关联到产品的特性，在生活中司空见惯的，被消费者熟知、认可和接受。如图4-9所示，英国宜家的经典海报——「Tomorrow starts tonight」系列，宜家将睡眠家居好物与抗衰老产品相关联，用最直接贴切的方式体现了规律作息的重要性。

（2）与消费者的关联性

广告创意与消费者的关联性，体现在要了解消费者的生活方式、消费习惯和消费心理，站在消费者的立场说话，从而引发心理共鸣。要做到关联性，首先必须明确消费者，即广告产品的目标受众，这是由企业的目标市场决定的。企业通常会根据市场需求的差异性，按照地理因素、人口因素、心理因素、行为因素等，把产品所面对的整个市

图4-9

场划分为若干个细小的市场，便于有针对性地进行广告投放。

其次，通过调查研究广告目标消费者的心理，力求广告主题、表现手法切合广告目标受众的心理需求、生活形态，这是实现广告创意与消费者关联的重要环节。安踏运动鞋的成功，正是草根精神“Keep Moving，永不止步”的最佳印证，张扬甚至挑衅的广告语所传达的励志精神给人留下了深刻印象，如图4-10所示。

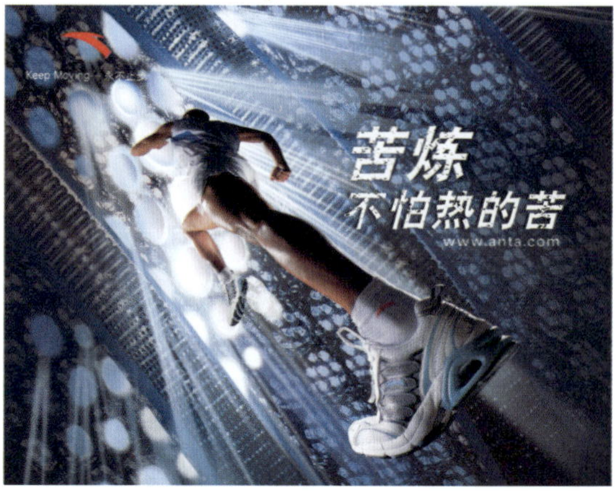

图4-10

再次，与竞争者的关联性。在广告创意过程中，与竞争者关联的目的体现在两个方面：一是努力寻找和发现产品所能够为消费者提供的利益点，而此利益点竞争对手的产品却不具备，具有唯一性，并将这一信息如实传达给消费者；二是如果自己的产品与竞争者同质化越来越严重，很难出新，因此重点放在感性利益点上，即在产品与情感之间寻找其微妙的关联点，并以此增加消费者对产品的体验，强化记忆，加深品牌形象。

4.2.5　震撼性原则

震撼性是指广告具有强烈的感染力和视觉冲击力。关联性和原创性是震撼性产生的前提条件。在具体的广告创意活动中，戏剧化、形象化的广告表现是增强震撼性的重要途径，表现在奇特生动的广告形象、冲击力强的广告文案等方面。震撼性的表现有时就像一个放大镜，可以将产品或服务的卖点无限放大，使消费者更加清晰地了解卖点，如图4-11所示。

图4-11

4.2.6　原创性原则

原创性又称独创性，指广告创意表现形式、角度、手法的与众不同。广告创意不能因循守旧、墨守成规，要敢于突破人们惯有的思维定式，运用超常规甚至反常规的思维方式进行创意。一个普通的产品，经过独创性的创意塑造，能获得不同寻常的广告传达效果。在现代社会产品同质化倾向愈演愈烈、信息发布铺天盖地的市场环境下，原创性的广告能以一种与众不同的新奇感使广告引起广泛的注意，其鲜明的魅力能触发消费者强烈的兴趣。当注意与接触达到一定的值，在头脑中留下深刻的印象，长久地被记忆，这一系列心理活动过程符合广告传达的心理阶梯目标。如图4-12所示，TRS空调：温度低一点，心更近一点。

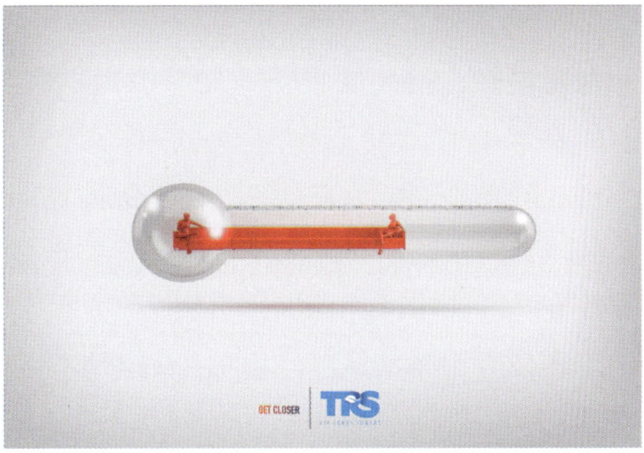

图4-12

机动灵活是原创性的外部表现形式。广告创意要基于事实，从表象、意念和联想中获取创造的素材，在广告中构思富于情趣的故事情节，运用形象化的妙语、诗歌、音乐和富有感染力的图画、摄影，通过比喻、象征、借代、拟人等创意表现手段来传递商品信息。有时广告创意不完全是创造新的东西，而是以一种开放性的思维方式，将那些早已存在的事物灵活、巧妙地组合到一起，形成耳目一新的广告形式和效果。如图4-13所示塔巴斯哥辣椒酱（Tabasco），是风靡世界的辣椒酱。产品最主要的诉求点就是“辣”“爆炸辣”“冲击灵魂的辣”；其广告作品也一直在针对“辣”这一唯一诉求点竭力表现，最喜欢用夸张的手法放大Tabasco辣椒酱带来的辣意冲击或使用效果，给受众留下“火辣印象”。

图4-13

知识链接

在广告学中ROI理论是一种实用的广告创意指南，是20世纪60年代的广告大师威廉·伯恩克创立的DDB广告国际有限公司根据自身创作积累总结出来的一套创意理论。即广告创意要坚持关联性（Relevance）、原创性（Originality）和震撼性（Impact）3个原则，广告与商品没有关联性，就失去了意义；广告本身没有原创性，就欠缺吸引力和生命力；广告没有震撼性，就不会给消费者留下深刻印象。

ROI理论体现了一种广告思维方式的转变，即从产品到消费者，从诉求到表现的转变，强调广告的艺术表现力，一改原来陈腐的广告风格，为业界纷纷仿效，实践也同样证明，凡真正领会到了它的真谛学到了一招半式的，都会在这个方面有所斩获；但如果只是盲目模仿，很可能会适得其反。

4.2.7 简洁性原则

在当今这个信息爆炸的社会，受众群体被淹没在信息海洋里，只有那些简洁明了、切中主题的广告才会脱颖而出，使人过目不忘，印象深刻。近年来，国际上流行的创意风格越来越简单、明快，如图4-14所示。简洁的本质是精练化，除了从内容上提炼，还可以从形式上提纯。要做到广告创意的简洁，首先，广告主题必须单一，做广告切忌追求面面俱到。若广告要表现的产品卖点过多，可以尝试用系列广告形式加以表现，每则广告针对产品的一个卖点，多角度、全面地传递广告信息。

图4-14

创意表现手法的简洁也非常重要。现代广告创作的趋势也是拒绝繁复，回归自然，表现手法简洁流畅，广告才能令人回味无穷，过目难忘。无论是平面广告还是电视广告创意，都应尝试用较少且简洁的元素表现广告主题。

应用案例

为推广新品天然雪山矿泉水，农夫山泉采用了纯生态纪录片的广告形式，在水源地实拍，真实记录下长白山的纯粹自然与灵动生命，同时向消费者传递自身“什么样的水源，孕育什么样的生命”的品牌理念。这支广告片呈现出了长白山的自然生命是如此纯粹和灵动，每一帧都能让人感受到大自然的美好，美得令人动容。这纯净明亮的画面，将人们带离了城市的喧嚣烦扰，仿佛能呼吸到长白山新鲜清冷的空气。这就是农夫山泉对“什么样的水源，孕育什么样的生命”这一品牌理念的诠释。用自然诠释“天然”。

1999年，市场上有很多充当纯净水的低档产品，农夫山泉另辟蹊径，用含有多种营养物质和生理活性的天然水的理念走向市场，坚持“不做纯净水，只做天然水”。农夫山泉新品长白雪水源源于长白山北麓的露水河国家森林公园内，这一区域拥有丰富的火山玄武岩，岩层硅含量较高、钠含量较少，口感清冽，略带一点点的甜味，像极了森林里第一场雪的味道。因此，新品广告中文案提到“你喝到的水，是长白山松软雪花的味道”。

这个纪录片式的广告，不仅通过纯净的雪景画面描绘了“长白雪”的由来，还记录下了东北虎、花栗鼠、松雀鹰、中华秋沙鸭等珍稀动物的身影。灵动的生物在银装素裹、远离尘嚣的山林间悠然地踱步，配上空邈的背景音乐，谁能不感叹自然的绝美与和谐？农夫山泉还将这4种珍稀动物印在了“长白雪”的包装上，配合它们眼中的长白山美景，组成形态各异的飞禽走兽，代表原始纯粹的山林泉雪，如图4-15所示。农夫山泉此后便持续用纪录片的形式将水源地的生态真实展现给大众，同时农夫山泉希望借此唤醒人们保护自然、尊重自然的意识。

图4-15

4.3　广告的创造性思维

思维是大脑对感知觉所提供的材料进行“去粗取精、去伪存真、由此及彼、由表及里”的加工，从而间接、概括地反映客观事物的活动过程。广告创意人员的思维直接影响着创意的水平与广告的成效。

（1）创造性思维

创造性思维就是敢于冲破世俗的束缚，以独到的见解打破常规，提出并解决不断出现的新问题。它解决问题的方法是全方位的，收集信息资料为基础，使思维进入创造的临界状态，对照设计目标将获得的信息资料进行整理、组合，并寻找到独特的创意切入点，扩散性的思维使富有创意的方案浮出“水面”。

（2）收敛思维

收敛思维又称集中思维。这种思维模式是从已给的信息里，寻找出一个理想的设计方案。所以要把思考的方向围绕这一答案进行展开，利用已有的知识推演出合理的设计来。如果把这种思维方法与发散思维方法结合在一起，按照思维运动的规律，进行发散→收敛→再发散→再收敛的原理设计，就能不断地把设计思维引向深入。发散思维表现为大胆设想，收敛思维则表现为精益求精，二者有机地结合在一起，就能创造出好的设计作品。

（3）悖论思维

悖论思维是按照严格的形式逻辑推导而出的方案，它并非仅凭直觉。这种图形结构的表达方式在平面的二维空间可以成立，然而在三维的真实空间中却因自相矛盾而似乎难以存在。它用非自然的设计方法，将人们熟悉的、合情合理的物体放置在一种不合理的空间秩序中，使物体之间显示出非逻辑思维的联系，从而突出了原有物体含义的局限，冲破了主观与客观世界之间的心理障碍，形成一个个耐人寻味的广告世界。

（4）头脑风暴法

头脑风暴法是美国BBDO广告公司负责人奥斯本于1938年首创，英文为brainstorming。头脑风暴法又称为智力激励法或脑力激荡法，这种方法一般是通过一种特殊的小型会议，使与会者毫无顾忌地提出各种想法，彼此激励，相互诱发，引起联想，导致创造性设想的连锁反应。它依靠众人的头脑集思广益，借助团队的力量形成风暴般的创意思潮，产生出众多的创意性设想。总之，创意就是要突破常规，逻辑被颠覆，作品才有张力。一个好的创意具有原创性，开发出来的应是未曾用过或是未被引起注意的元素，演义的是一个创造性思维过程，展现的是一种表现能力。创意思维训练是广告设计教学的方法论，是避免雷同、寻求突破的有效方式。

4.4 广告表现类型

广告表现类型一般包括感性诉求方式和理性诉求方式两种。

（1）感性诉求方式

感性诉求方式是将广告诉求重点以情绪沟通的方式进行表现，突出广告内容的格调、意境、心理情绪感受方面的优势。从情感和外在形式上打动消费者的广告创意表现方式，通常都属于感性诉求表现类型。感性诉求的广告表现，不注重商品的具体功能以及价格优势，而是运用能够牵动目标受众情绪的艺术形式，对受众展开情感上的争取。

应用案例

南方黑芝麻糊——中国首次打“温情牌”的电视广告，“小时候，每当听见黑芝麻糊的叫卖声，我就再也坐不住了”，1992年，中国的电视观众都被这一句充满怀旧的旁白再加上那个可爱的小男孩舔碗底的镜头感染了，无数观众沉浸在一片温情脉脉中，南方黑芝麻糊成为中国温情电视广告的鼻祖，获得空前成功，如图4-16所示。芝麻糊的香甜可口之中，以达到引发人们欲望的目的。视听配合相当完美，在表现上，采用了统一的暖色调，配合演员的恰当表演，强化了情感诉求的效果。中心画面表现小孩舍不得放下碗而不断地舔碗，镜头用了大特写，使主题展示令人动情，芝麻糊的卖主给小孩添半勺芝麻糊的镜头进一步强化心中情感的泛动。买卖一碗芝麻糊看似极其简单，但额外地添加一勺，却蕴集了多少人间真情——母性怜爱、邻里乡情、仁义宽厚、不屑蝇利……中国人的传统美德和真挚情感，真是挥不去，化不开。

南方黑芝麻糊的这则广告最大的特点就在于打出了一张温情牌，遵循中国的传统，以情感诉求方式达到吸引消费者的目的。

图4-16

（2）理性诉求方式

理性诉求广告表现手段常被用来阐述消费者可能还不清楚的事实，或者用来创建一种新的消费观念。对于功能性很强或者技术含量非常高的商品，将它们的功能优势作为诉求重点加以表现，会产生比感性诉求更为直观的促销力。将消费产品的理由和产品给人的好处清楚地表述出来，是理性诉求广告类型的最大特点。

应用案例

加多宝旗下产品红色罐装王老吉为中国老字号民族品牌，拥有超过170年历史，红色罐装“王老吉”是凉茶行业的第一大品牌，由纯中草药配制，清热降火，功能独特。销售遍及中国30多个省、自治区、直辖市，并销往东南亚、欧美等地。由于“上火”是一个全国普遍性的中医概念，而不再像“凉茶”那样局限于两广地区，这就为红色王老吉走向全国彻底扫除了障碍，现在王老吉在全国人民心目中已经建立起一个与其他饮料不同的重要地位。

成美广告为红色王老吉制定了推广主题“怕上火，喝王老吉”，如图4-17所示。在传播上尽量突显红色王老吉作为饮料的性质。在广告宣传中，红色王老吉都以轻松、欢快、健康的形象出现，强调正面宣传，避免出现对症下药式的负面诉求，从而把红色王老吉和“传统凉茶”区分开来。

图4-17

王老吉确定这样的广告主题主要优势在于以下几点：

第一，利于红色王老吉的推广走出广东、浙南。由于“上火”是一个全国普遍性的中医概念，而不再像“凉茶”那样局限于两广地区，这就为红色王老吉走向全国创造了条件。

第二，避免红色王老吉与国内外饮料巨头产品的直接竞争，形成独特区别。

第三，成功地将红色王老吉产品的劣势转化为优势。“淡淡的中药味”成功转变为“预防上火”的有力支撑；“3.5元的零售价格”因为“预防上火的功能”，不再“高不可攀”；“王老吉”的品牌名、悠久的历史，成为预防上火“正宗”的有力支撑。

“怕上火，喝王老吉”这个广告主题已经成为广告界中的经典，人们已经潜移默化被这个广告影响着。当上火时，王老吉不由自主进入我们头脑中。

为更好地唤起消费者的需求，电视广告选用了消费者认为日常生活中最易上火的5个场景：吃火锅、通宵看球、吃油炸食品和薯条、烧烤和夏日阳光浴。画面中人们在开心享受上述活动的同时，纷纷畅饮红色王老吉。结合时尚、动感十足的广告歌反复吟唱“不用担心什么，尽情享受生活，怕上火，喝王老吉”，促使消费者在吃火锅、烧烤时，自然联想到红色王老吉，从而形成购买。以点对点的广告投放形式，针对餐饮场所的消费者进行定点“一对一”的品牌灌输，突出王老吉“预防上火”的概念，是火锅、烧烤等的必备饮料。

知识链接

“独特的销售主张”（USP）是广告发展历史上最早提出的一个具有广泛深远影响的广告创意理论，它的意思是一个广告中必须包含一个向消费者提出的销售主张，这个主张要具备三个要点：一是利益承诺，强调产品有哪些具体的特殊功效和能给消费者提供哪些实际利益；二是独特，这是竞争对手无法提出或没有提出的；三是强而有力，要做到集中，是消费者很关注的。

USP理论（独特的销售主张）重于对产品的聚焦。要么是在产品身上找差异；要么调整，制造产品差异；实在无法差异，就展现产品的另外一个方面。和这个独特销售主张相违背的一切，都是吸血鬼，吸干传播效果的血。USP和品牌形象之间的关系：一个演讲者的穿戴、气质、说服力就是品牌形象，演讲内容是USP，并主张将二者结合起来，认为纯粹的USP和纯粹的品牌形象都不可取。换句话说，USP是内核，而品牌形象是外壳。感觉"定位"和"USP"是一对亲兄弟，不同的是"USP"是突出产品某个特性，而"定位"是在"心智阶梯"上突出某个特性。USP是努力在产品上寻找，而"定位"可以想方设法地在消费者认知角度里去找。

4.5　广告创意流程

广告创意并非一刹那的灵光，需要经过一个复杂而曲折的过程，是长期知识和信息积累的结果。广告创意的产生分为4个阶段，分别是准备阶段、分析阶段、顿悟阶段和评价阶段。

（1）准备阶段——资料的收集

广告创意人员的工作首先从收集整理资料开始，这是广告创意的准备阶段。优秀创意是建立在缜密的调查和分析的基础上，资料收集是广告创意流程中最基础也是最为重要的阶段，关系到最终的广告效果。

①特定资料的收集：收集与创意相关的产品、服务、消费者及竞争对手等方面的资料。不同的广告公司会有不同的业务重点，有些产品或服务涉及的行业可能是创意人员以前未接触的，对其必须有全面而深刻的了解和认识，才能发现产品与目标消费者的相关性，从而催生创意。创意人员可以通过广告主提供的资料进行阅读研究，也可以实地走访获取第一手资料，与经销商、销售代表、商场营业员等谈话，倾听他们对行业、同类产品的看法，了解消费者的消费行为与心理特征，也可以深入厂房、车间，与厂长、生产管理者、生产人员进行交流，对产品的制造工艺、性能等做详尽的调研。

②一般资料的收集：该收集是创意素材的长期积累和储备。广告创意人员要有强烈的求知欲和好奇心，阅读涉猎要广泛，对一切都感兴趣，以获得广博的知识。其中阅读文学书籍尤其重要，文学常用题材如小说、诗歌，戏剧当中也隐藏着无数灵感的源泉，文学的常用修辞手法如比喻、象征、拟人、通感等是展现广告创意的有力手段。除了阅

读，对生活的关注和留意也是收集素材的重要途径，要时时留心身边的人和事。广告要成为引领时尚生活的风向标。

（2）分析阶段——探寻独特的诉求点

收集到的资料未必都是有价值的，这就要进行分析、整理和归纳。反复思考、冥思苦想，从中找出产品或服务最有特色的地方，找出消费者最感兴趣的地方，从而引出产品的概念、定位、广告诉求点等。

在导出结论、确定主题时，应形成一个创意纲要，这有助于创意人员明确创意方向，对创意活动起到很好的引导和规范作用。创意纲要务必准确、简洁。

第一，目标说明。具体、准确地描述广告预计达到什么目的，要解决什么问题。目标说明还包括产品或服务的品牌名称和简要、具体的目标消费者描述。

第二，支持性说明。对支持产品承诺的证据进行简要说明，也就是利益的缘由。

第三，基调或品牌特点说明。基调说明是对广告战略的短期感性描述：品牌特点说明则是对品牌持续价值——赋予产品品牌资产的东西的长期描述。

（3）顿悟阶段——构思的孕育、开发

根据前面对有关资料进行的分析，确定广告诉求点，创意活动进入了一个“酝酿”阶段，这是广告创意的产生阶段，即灵感闪现阶段，常以突发式的醒悟、偶然性的方式获得，也称为顿悟阶段。在顿悟阶段，创意人员会借助多种创意方法、集思广益，开发出尽可能多的创意点子，头脑风暴法、逆向思考法、联想法、发散思维法等，都是常用方法。

（4）评价阶段——确定好的创意

创意评价是指在广告创意的过程中，依据一定的标准，对创意方案进行分析、思考、测定、总结的活动，也是发展广告创意的最终阶段。创意评价要设定合理的指标，广告的注意度、易读性、认知性、记忆度、购买意向率、实际购买率等，是主要的评价指标。

准备、分析、顿悟和评价这4个阶段描述了广告创意的诞生过程，每一阶段的工作都为下一阶段打下坚实的根基，次序分明、循序渐进。熟悉和掌握广告创意流程，有助于创意思维在一个正确的轨道上前进，将有限的时间和精力合理地利用，从而想出更多既符合策略又新颖独到的广告创意。

知识链接

广告制作团队组成：广告的创意、制作队伍有时会是非常庞大的，其中主要分工有以下几种。

①创意小组：客户主管在参加广告客户召开的定向说明会之后，组织成立由市场营销、创意等部门人员组成的作业小组，策划综合性广告方案，创意部门则以创意总监为中心组成分别由创意制作人、广告文案撰稿人、艺术总监参加的创意小组。

②创意总监：作为创意工作的负责人，担负广告客户委托的有关广告的策划和创意总监的工作。负责所主管的广告客户从战略方针的制定到广告表现的实施整个创意作业流程。在广告制作过程中，确保广告主题和意图能够得以有效展现。

③创意制作人：作为制作实施方面的负责人，根据创意总监的策划和创意构想，负责作业的实施、外部协作单位的管理、品质管理、成本管理等制作单位。

④广告艺术总监：广告制作工作对艺术总监的需求并不亚于对广告文案的需求，广告艺术总监主要负责有关印刷媒体的广告表现的视觉形象策划及制作。其任务是将同样的信息用图像或其他可视的方式在广告中体现出来。

⑤广告文案撰稿人：主要负责有关印刷媒体的广告表现用语、文案的策划及制作。其任务是要将信息转化为广告标题和正文中的文字。

⑥广告导演：根据创意的要求，把创意转换成更为具体的影视语言。导演可以选择摄制人员、演员及场景，编写最终的分镜头脚本，负责后期片子的剪辑合成。

广告表现的原则会在广告策划书中的表现概念里有完整清晰的说明，在工作团队中，创意总监对表现的执行过程进行控制，使得制作表现过程不会远离表现概念的初衷。而具体的制作工作，如平面设计制作、导演、摄像等，都会根据创意总监或创意制作人的意图方向去完成具体工作。

工作任务实施

工作任务1

创意思维

· 学生工作手册 ·

工作情景描述：广告创意就是以市场调查分析为基础，以实现广告客户的广告目标为基本指向，通过运用创造性思维将抽象的产品诉求概念具象化和艺术化的过程，也可指具有独创意义的广告创意、想法或构思。本项目内容的组织是以广告设计公司典型的工作任务为逻辑起点，为完成广告运作全过程所需的技能、知识、态度要求而设计。

本工作任务是“创意思维练习”，任何事物都不是孤立地存在于这个世界上，一定会与其他事物发生千丝万缕的联系。由一个事物联想出许多事物，也是思维训练的一种有效方法。项目负责人开始承担推进项目的职责，根据说明会备忘录确定的原则，制订可行性的项目推动计划和策划前作业准备。

学习目标

1. 素质目标

（1）培养学生从市场需求分析出发的设计思维。

（2）培养学生的创新思维和实践应用能力。

（3）培养学生善沟通、能协作、高标准、重创意的专业素质。

2. 知识目标

（1）了解广告创意的基础理论系统。

（2）了解广告创意的含义，以及它们之间的联系。

（3）不同类型广告的含义以及进行广告创意的方法。

3. 能力目标

（1）创造思维、艺术个性、沟通能力、团队意识及创新能力。

（2）具备工作中处理与各方关系的沟通能力。

（3）具有较强的团队意识和客户意识。

建议课时：4学时。

工作流程与活动

工作活动1：任务确立（1学时）。

工作活动2：创新思维练习（2学时）。

工作活动3：评价与总结（1学时）。

工作活动4：企业专家、客户在线指导（课后拓展）。

工作活动1 任务确立

1. 活动思考

问题1 全面了解广告创意理论，讨论广告案例的创意突破口。

问题2 小组成员根据各自所长，确定在小组中能承担的任务。

2. 思想提升

俗语说：“玉不琢，不成器。”好的“主意”和“点子”必须借助必然的技术和手腕才能得以展现。再好的创意点子若是不能转变成现实形态，那么只能称之为“空想”。在任务中如何理解这句话？

3. 工作任务确立

（1）增加创意点子“爆发力”的思考路径，练习如何跳出思维定式。

（2）拓宽思维广度，做横向、纵向、发散等思维训练。

（3）评价与总结。

（4）企业专家、客户在线指导。

工作活动2 创新思维练习

1. 活动思考

问题1 创意的思维方法。

问题2 如何拓展联想广度的突破口。

2. 思想提升

用经典案例理解广告与文化的关系，并做人文表达，提高专业兴趣，培养家国情怀，弘扬民族精神。

3. 活动实施

活动步骤	活动要求	活动安排	活动记录
步骤1 思维练习	增加创意点子“爆发力”的思考路径。以玻璃杯为例，想想它除了装水之外还有什么用途	具体活动：讨论	照片、记录表
		具体活动：讨论	照片、记录表
		具体活动：评价	照片、评价表
步骤2 思维训练	自命题（如电脑、考试等）进行纵向、横向、放射性思维训练	具体活动：讨论	照片、记录表
		具体活动：讨论	文字、图形
步骤3 设计方案制定	①文案撰写 ②从消费者、市场、产品、竞争等方面思考定位	思路形成	初步方案

4. 活动评价与总结

一级指标	评价内容	分值	自评	互评	教师
学习过程（60）	能够小组合作完成分配任务	10			
	能够正确地分析、总结和表达	10			
	能够根据自己所学知识完成任务	10			
	能够有效利用课外资源，具有自主学习能力	10			
	能够在规定时间内在线签到	10			
	具有创新能力	10			
作业得分（40）	分析资料所得数据报告的准确性	10			
	正确完成SWOT矩阵构造	10			
	小组成员合作情况	10			
	客户满意度	10			

工作活动3 评价与总结

1. 评价

一级指标	二级指标	评价内容	分值	自评	互评	教师
工作能力（50）	思维能力	能够从不同的角度提出问题，并考虑解决问题的方法	10			
	表达能力	能够正确地分析、总结和表达文案的内容	10			
	创新能力	在小组讨论中能够与他人交流自己的想法，能够跳出固有的课内课外的知识，提出自己的见解	10			
	实践操作能力	能够根据自己获取的知识，规范、严谨地撰写结论文案，完成工作任务	20			
学习策略（20）	学习方法	能够有效地利用课外资源、具有自主学习能力	10			
		团队协作，共同学习的能力	10			
作业得分（30）	岗位职业能力	分析资料所得结论的准确性	10			
		完成思维训练	10			
		客户满意度	10			

2. 总结

沟通表达能力	提升	
	不足	
数据分析情况	已会	
	不懂	
结论报告情况	提升	
	不足	
能力达成情况	具备	
	欠缺	
改进措施		

工作活动 4　企业专家、客户在线指导

企业专家在线指导意见	
客户在线沟通	

工作任务2

确定创意主题

· 学生工作手册 ·

工作情景描述：广告创意就是以市场调查分析为基础，以实现广告客户的广告目标为基本指向，通过运用创造性思维将抽象的产品诉求概念具象化和艺术化的过程，也可指具有独创意义的广告创意、想法或构思。本任务内容的组织是以广告设计公司典型的工作任务为逻辑起点，为完成广告运作全过程所需的技能、知识、态度要求而设计。

本工作任务是根据上一任务策划书“创建一个新品牌，确定创意主题”，本任务的

主要目的是使学生了解广告创意的基本策略和基本原则，能够运用所学创意理论和方法，独立进行品牌形象策划、创意。

学习目标

1. 素质目标

（1）培养学生从市场需求分析出发的设计思维。

（2）培养学生的创新思维和实践应用能力。

（3）培养学生善沟通、能协作、高标准、重创意的专业素质。

2. 知识目标

（1）了解广告创意的基础理论系统。

（2）了解广告创意的含义，以及它们之间的联系。

（3）不同类型广告的含义以及进行广告创意的方法。

3. 能力目标

（1）创造思维、艺术个性、沟通能力、团队意识及创新能力。

（2）具备工作中处理与各方关系的沟通能力。

（3）具有较强的团队意识和客户意识。

建议课时：4学时。

工作流程与活动

工作活动1：任务确立（1学时）。

工作活动2：确定创意主题（2学时）。

工作活动3：评价与总结（1学时）。

工作活动4：企业专家、客户在线指导（课后拓展）。

工作活动1 任务确立

1. 活动思考

问题1 研究策划案中定位，找出创意点。

问题2 自命品牌名、文案及创意表现。

问题3 适用哪些媒体？

2. 思想提升

“默而识之，学而不厌，诲人不倦，何有于我哉。”结合工作活动该如何理解？如何去做？

3. 工作任务确立

（1）确定品牌名，并设计LOGO。

（2）根据策划书确定广告主题。

（3）评价与总结。

（4）企业专家、客户在线指导。

工作活动 2 确定创意主题

1. 活动思考

问题 1　好创意是好主意吗？

问题 2　广告创意过程与广告表现实施过程有何区别？

2. 思想提升

“文化自信是一个国家、一个民族发展中最基本、最深沉、最持久的力量。”如何理解这句话？在本工作任务中，如何将传统文化融入创意？

3. 活动实施

<table>
<tr><th>活动步骤</th><th>活动要求</th><th>活动安排</th><th>活动记录</th></tr>
<tr><td rowspan="3">步骤1
构思讨论</td><td rowspan="3">结合“推进文化自信自强，铸就社会主义文化新辉煌。”运用创意理论知识，讨论品牌名、设计LOGO、设计创意主题方案</td><td>具体活动：整体草图</td><td>照片、草图、记录表</td></tr>
<tr><td>具体活动：细节草图</td><td>照片、草图、记录表</td></tr>
<tr><td>具体活动：小组定稿</td><td>照片、定稿、评价表</td></tr>
<tr><td rowspan="3">步骤2
方案汇报与小组定稿修改</td><td rowspan="3">针对设计草图或方案图（造型图）汇报完成设计方案评价、讨论和修改，优化方案，形成并最终设计创意成果（知识链接：创意设计表达）</td><td>具体活动：小组汇报</td><td>照片、记录表</td></tr>
<tr><td rowspan="2">具体活动：小组设计方案改进</td><td>品牌名、LOGO改进</td></tr>
<tr><td>创意主题改进</td></tr>
<tr><td>步骤3
设计方案制定</td><td>①品牌名及LOGO确定
②创意主题方案确定</td><td>形成文案</td><td>PPT完成</td></tr>
</table>

4. 活动评价与总结

一级指标	评价内容	分值	自评	互评	教师
学习过程（60）	确定品牌名	10			
	能够把对文化自信的理解融入创意中	10			
	能够完成广告创意和表现策略	10			
	能够制定合理的媒体策略	10			
	能够在规定时间内在线签到	10			
	能够规范地形成文案	10			
作业得分（40）	分析创意点的准确性	10			
	创意和表现符合定位	10			
	小组成员合作情况	10			
	客户满意度	10			

工作活动3 评价与总结

1. 评价

一级指标	二级指标	评价内容	分值	自评	互评	教师
工作能力（60）	小组协作能力	能够从不同的角度提出问题，并考虑解决问题的方法	10			
	表达能力	能够正确地组织和表达文案的内容	10			
	创新能力	在小组讨论中能够标新立异，培养创新性	10			
		创新设计能力	10			
	实践操作能力	策划书整体规划能力	10			
		能够根据自己获取的知识完成工作任务	10			
作业得分（40）	岗位职业能力	分析资料所得定位的准确性	10			
		PPT制作规范	10			
		客户满意度	10			
		文案表述能力	10			

2. 总结

沟通表达能力	提升	
	不足	
结论报告情况	提升	
	不足	
能力达成情况	具备	
	欠缺	
改进措施		

工作活动4 企业专家、客户在线指导

企业专家在线指导意见	
客户在线沟通	

工作任务3
广告创意策略制定
（完成阶段）

·学生工作手册·

工作情景描述：广告创意就是以市场调查分析为基础，以实现广告客户的广告目标为基本指向，通过运用创造性思维将抽象的产品诉求概念具象化和艺术化的过程，也可指具有独创意义的广告创意、想法或构思。本任务内容的组织是以广告设计公司典型的工作任务为逻辑起点，为完成广告运作全过程所需的技能、知识、态度要求而设计。

本工作任务是“结合不同媒体的广告创意表现”，通过具体的广告创意方案，其包括品牌名称、目标消费群体、广告诉求点、广告创意表现策略等。项目负责人开始承担推进项目的职责，根据说明会备忘录确定的原则，制订可行性的项目推动计划准备。

学习目标

1. 素质目标

（1）培养学生从市场需求分析出发的设计思维。

（2）培养学生的创新思维和实践应用能力。

（3）培养学生善沟通、能协作、高标准、重创意的专业素质。

2. 知识目标

（1）了解广告创意的基础理论系统。

（2）了解广告创意的含义，以及它们之间的联系。

（3）不同类型广告的含义以及进行广告创意的方法。

3. 能力目标

（1）创造思维、艺术个性、沟通能力、团队意识及创新能力。

（2）具备广告实际操作能力。

（3）具有较强的团队意识和客户意识。

建议课时：4学时。

工作流程与活动

工作活动1：任务确立（1学时）。

工作活动2：广告创意表现策略（2学时）。

工作活动3：评价与总结（1学时）。

工作活动4：企业专家、客户在线指导（课后拓展）。

工作活动1 任务确立

1. 活动思考

问题1 理解广告文案、广告标题、广告图形的含义。

问题2 如何撰写电视广告的脚本。

2. 思想提升

《劝学》中提到："君子博学而日参省乎己，则知明而行无过矣。"在任务中该如何理解这句话？工作任务该如何开展？

3. 工作任务确立

（1）本创意策略适合哪些媒体应用？

（2）方案包括品牌名称、目标消费群体、广告诉求点、广告创意表现策略、媒体策略等。

（3）小组进一步讨论，并对广告创意策略方案达成一致意见。

（4）评估与总结。

工作活动 2　广告创意表现策略

1. 活动思考

问题 1　常见的广告创意策略有哪些？试举例说明。

问题 2　在广告创意原则中，哪些原则最为重要？

2. 思想提升

规划方案过程尊重小组成员的个性，并重视小组成员的个性与差异化需求，激发小组成员的学习动力，提高团队的整体潜力。真正使每一个成员参与到团队工作任务中，增强小组的团队协作能力。

3. 活动实施

活动步骤	活动要求	活动安排	活动记录
步骤1 初步设计	制定广告创意策略方案，PPT形式	具体活动：组织、整理创意策略内容	文案PPT
步骤2 完成创意策划方案	通过汇报、展示、评价，经过多次反复，最终呈现，完成工作任务	具体活动：汇报准备	汇报记录表
		具体活动：方案改进	方案改进

4. 活动评价与总结

一级指标	评价内容	分值	自评	互评	教师
学习过程（60）	确定品牌名称、目标消费群体、广告诉求点、广告创意表现策略	10			
	能够根据创意策略做准确的设计表达	10			
	创意表现的创新性	10			
	能够制定合理的媒体策略	10			
	能够在规定时间内在线签到	10			
	能够规范地形成PPT	10			

续表

一级指标	评价内容	分值	自评	互评	教师
作业得分（40）	制定广告创意策略能力	10			
	设计创意和表现能力	10			
	小组成员合作情况	10			
	客户满意度	10			

工作活动3 评价与总结

1. 评价

一级指标	二级指标	评价内容	分值	自评	互评	教师
工作能力（60）	小组协作能力	能够从不同的角度提出问题，并考虑解决问题的方法	10			
	表达能力	能够正确地组织和表达文案的内容	10			
	创新能力	在小组讨论中能够标新立异，培养创新性	10			
		创新设计能力	10			
	实践操作能力	策划书整体规划能力	10			
		能够根据自己获取的知识完成工作任务	10			
作业得分（40）	岗位职业能力	分析资料所得定位的准确性	10			
		PPT制作规范	10			
		客户满意度	10			
		文案表述能力	10			

2. 总结

沟通表达能力	提升	
	不足	
结论报告情况	提升	
	不足	
能力达成情况	具备	
	欠缺	
改进措施		

工作活动 4　企业专家、客户在线指导

企业专家在线指导意见	
客户在线沟通	

评价与总结

1. 评价

指标	评价内容	权重	自评	互评	教师	企业	客户
课前探学	线上作业完成情况	10					
	线上讨论情况	10					
	线上资料学习情况	10					
课中任务	总结、分析能力	10					
	方案设计	10					
	广告创意策略完成情况	10					
课后拓展	企业专家满意度	20					
	客户满意度	20					

2. 总结

素质提升	提升	
	不足	
知识掌握	已会	
	不懂	
能力达成	具备	
	欠缺	
改进措施		

项目小结

广告创意及表现策略要求广告设计师突破原有的传统思想和理念，寻找更具有说服力的好方法，寻求最合适的表现形式和表现方法将创意内容充分地表现出来。广告设计师应抓住消费者的注意力，引发人们心底的好奇意识和兴趣，说服消费者，用与众不同的传达方式使产品在人们的脑海中留下深刻的印象和长久的记忆。

项目5

广告媒体策略

导入案例

媒体组合让百事可乐迅速打开中国市场

1986年1月，广州百事可乐汽水厂投产，4月就占领了广州市场，月销量达到2000多吨。之所以取得如此业绩，正是因为他们采取了行之有效的媒体组合策略。

首先派业务员穿着百事可乐工作服在各个销售点张贴商标广告，紧接着他们又以“百事好味道，全球都赞好”为口号，配以有实物图案的广告画进行宣传，并在市内选择了5个地点进行免费赠饮活动，又及时投放一批印有“注意交通安全，百事可乐汽水厂”的太阳伞到交通岗上。此外，他们还赞助了社会公益事业和群众性活动。在这次广告活动中，他们采用了广告画、POP广告伞等载体，而且组合得相当成功，所以才能在极短的时间打开并占领市场。同时，多种媒体组合的宣传会给消费者一种品牌权威感。在使用媒体组合进行广告宣传时一定要具备媒体连贯性，同时，选择的媒体要有品牌针对性与消费者偏好性。我们再分析百事可乐使用的媒体资源，大部分都是“广告画”“广告伞”等自带活力特色的媒体标志。这就与其当时宣传的“百事好味道，全球都赞好”的口号非常契合。所以说在选择媒体组合的时候除了考虑地区的连贯性，也要适当注意宣传的重点是否与自身宣传承载媒体相符合。

百事可乐电视广告更推崇激情旋律，表现更加活泼与激情。无论从画面、动作、着装等要素，还是从音乐本身特色，都传达出一种酷炫的感觉。利用音乐的感染力来强化年轻消费者对品牌特色的记忆关联，拉近与年轻消费者的距离。

百事可乐的网络广告也非常有特色。无论是画面构图，还是动画运用，都同样传达了一种“酷”的感觉，总能捕捉到青少年的兴趣点和关注点。再有，围绕年轻人，百事可乐创作了许多极富想象力的广告作品，如“鲨鱼”“太空船”等，这些广告深受年轻人喜爱。同时，百事可乐还鼓励消费者自己创作百事可乐的广告。

在体育赛事方面，百事可乐往往会将全球性的重要赛事赞助揽入怀中，如图5-1所示。2001年，中国申奥成功，百事可乐推出气势非凡、匠心独运的网络广告。广告文案中“渴望无限”和“终于解渴了”的双关语，将中国人对奥运的企盼巧妙地与百事可乐产品联系在一起，这也展现了百事可乐的激情、创意和活力，演绎了一次非常精彩的借势传播。将音乐与体育“混搭”，将明星与传播“嫁接”，达到“1+1>2”的效果。

图5-1

百事可乐勇于创新，通过个性鲜明的广告，为品牌树立了一个“活力四射”的形象，并将品牌蕴含的那种积极向上、与时俱进、轻松活泼和不懈追求美好生活的新一代精神发扬到百事可乐所在的每一个角落。

百事可乐的成功归结于媒体组合，不只是因为这种方式，更多的是其背后的一系列宣传策划。但是从其成功案例中也可以发现，媒体组合是宣传的第一步，也是最关键的一步。

工作任务导入

工作任务要求	充分掌握各类广告媒体的基本特征，根据现实的市场变化，熟练运用媒体策略。依据市场产品的需要选择媒体发布广告，有效地把握各媒体的特殊个性，以及对媒体进行具有创意性的组合运用，使广告信息快速而有效地传达到目标市场，与消费者见面。 根据本组的广告策划书写出的媒体发布方案。 熟悉广告媒体策略的工作程序。 以小组为单位，每人都应分配相应任务，共同协作完成
工作任务导入	本项目由2个工作任务组成，任务要求、形式及建议学时如下： 任务要求：明确任务书要求，小组讨论，完成媒体组合策略。 任务形式：实施过程照片、视频、资料、媒体方案。 建议学时：8学时。 工作任务1：搜集案例，讨论媒体运作方案，4学时 工作任务2：媒体计划书，4学时
工作标准	1. 掌握广告媒体策略相关的理论知识。 2. 初步具备制订工作计划并按计划顺利完成任务的能力。 3. 具备工作中处理与各方关系的能力。 4. 具有较强的团队意识和客户意识。 对接方式：媒体策略理论、方法、PPT，以及对内小组成员合作，对外与调查对象沟通

小组协作分工

课前　请根据班级人数，每组4～5人，按异质分组原则分组协作完成工作任务，并在下面表格中写出小组内每位成员的专业特长与专业成长点。

组名	成员姓名	专业特长	专业成长点

知识导入

问题 1 讨论大家见过哪些媒体形式。

问题 2 现实生活中，接触过哪些网络广告形式？

问题 3 讨论不同广告媒体的优势和局限性，并总结不同类型产品适合的广告媒体投放方式。

图5-2

知识准备

5.1 广告媒介内涵

媒介，又称媒体，源于外来语Media，传播学理论中“媒介”即指用来传递与获取信息的工具、渠道、载体或技术手段。在广告活动中，凡是能在广告主与广告对象之间起信息传递作用的物质、工具都可以称为广告媒介。

随着媒介碎片化时代的到来和市场的自然成熟，当今可供选择的媒介无论从种类还是数量上都比以往大大增加，消费者每天花在媒介上的时间也随之增多。媒介选择的多元化使得媒介策划比以往更加复杂，了解各媒介的特性功能和受众的触媒习惯成为一切工作的基础。本任务对常见的媒介类型进行系统分析介绍，并着重从广告传播的角度探讨它们的利弊。

5.2　广告媒介的分类

广告媒介随着商品经济和社会技术的发展而发展，商品经济的发展产生需要，科学技术的发展提供了物质手段。最早的是街头叫卖广告，此外，招牌广告和悬物广告也成为当时很多商家常用的形式，这些是销售现场广告发展的基础，传播范围较小。现代科技的发展带来了大众传播媒介，让广告信息得到了广泛、长久的传播。印刷技术催生出报纸、杂志、宣传册等平面广告媒介形式，让信息易于保存。电子技术则带来了传播的巨大变革，广播、电视的出现让广告信息变得形象、生动、真实。互联网时代带来的互动式广告拉近了商家和消费者的距离，让实时购买成为可能。

随着广告媒介的不断发展，广告媒介的分类也日趋复杂。最常见的分类如下：按媒介发展的历史可分为传统类和新媒介。

5.2.1　传统类

（1）传统广告媒介

①电视媒体：包括电视频道、有线电视、卫星电视等。

②广播媒体：包括广播电台、网络广播等。

③印刷媒体：包括报纸、杂志等。

④户外媒体：包括广告牌、灯箱、公交车身、地铁等。

⑤电影院媒体：包括在电影院播放的广告片。

（2）传统数字媒介

①搜索引擎广告：通过搜索引擎平台展示的广告，例如百度推广、Google AdWords等。

②社交媒体广告：在社交媒体平台上展示的广告，如Facebook广告、Instagram广告等。

③网站/应用广告：在网站或移动应用程序上展示的广告，如横幅广告、原生广告、弹窗广告等。

④视频广告：在各类视频平台播放的广告，如YouTube广告、抖音广告等。

⑤电子邮件广告：通过电子邮件向目标受众发送的广告信息。

现如今，传统媒介和新媒介的界限已被打破，提高了媒介的互动性和互动效果，呈现出媒介融合的发展趋势，并更好地满足多样化的观众需求。

5.2.2　新媒介

近年来，科技的快速发展使得新媒介迅速崛起。所谓新媒介，指利用数字技术、网络技术，通过互联网等渠道，以及电脑、手机、数字电视等终端，向用户提供信息和服务的传播形态。与传统广告媒介相比，新媒介兼具文字、声音、影像、动画等多媒介功能，在互动性、丰富性、受众的主动传播等方面具有得天独厚的优势。

5.2.2.1 网络广告媒介

网络广告媒介是广告主利用互联网媒介向受众传递商业信息的传播活动。网络是新媒介诞生的基础条件，也是新媒介的重要组成部分。网络让信息传播突破了时间和空间的限制，其所创造的信息平台为广告市场提供了一个巨大的传播渠道。覆盖全球的广告信息网络正在悄然形成，潜移默化地影响着人们的消费形态。

（1）网络广告媒介的特点

①传播速度快：互联网带来了信息传播的速度革命，不受印刷、运输、发行等因素限制，及时迅捷。网络广告制作、发布、更新简单，易于操作。

②强大的信息承载量：在其他媒介投放广告会受到时间和空间的限制，互联网存储和发布的信息容量是巨大的，不受限制。在每个广告的链接地址中，广告主会把自身的产品、服务相关信息放在自己的网站中，便于消费者查询。

③互动性强：传统媒介传受双方是单向传播模式，网络出现之后，改变了传播者和受众的关系，每个人在接受信息的同时也在传递信息，相互交流更加密切和便捷。互联网既是传播推广的平台，也是电子商务平台，在了解产品相关信息后，消费者如果有兴趣，可以通过多种方式与广告主进行实时交流，在线购买。

④覆盖范围广：网络媒介的传播范围广泛，通过国际互联网络24h不间断地将信息传递到世界各地，不受时间和空间的限制，只要具备上网条件，任何人都能看到这些信息，这是其他媒介无法比拟的。传播范围越广，接触人越多，广告效应就越大。

⑤易统计性：广告主借助第三方服务器精确统计网站的访问人数、广告的曝光度和被点击的次数等，通过分析数据，有助于企业了解广告发布的效果，便于及时调整广告策略，同时也可以获知网民的兴趣爱好，从而做到广告投放有的放矢。如腾讯公司通过技术对其上网用户的属性做分析，根据地域、年龄等信息定向投放相关产品广告，收到了较好的效果。

⑥传播形式丰富：网络广告可以将文字、声音、影像、音乐、动画、三维空间等融为一体，实现视听的完美统一，更容易吸引受众。

⑦信息源不确定：由于网络信息发布门槛低，每个人都可以成为信息的传播者，许多信息都是匿名制，造成信息纷繁复杂，各种广告信息鱼龙混杂，其中不乏虚假信息，降低了广告的可信度。

（2）网络广告的分类

①网幅广告：网上最常见的广告形式，定位在网页中用来表现广告内容，以GIF、JPG、Flash等格式建立图像文件，同时还可使用Java等语言使其产生交互性，用Shockwave等

工具增强表现力，包括横幅广告、竖式广告、按钮广告、巨幅广告等形式。如图5-3所示。

②文本链接广告：以一排文字作为一个广告，点击可以进入相应的广告页面。将广告内容以文本形式嵌入到文章或页面的文字中间或周围的位置，通常以超链接方式引导用户点击进入广告主的页面进行转化。文本链接广告能够将广告与内容混合在一起，使得广告与内容更为融合，且不会对用户阅读造成干扰，如图5-4所示。

图5-3

图5-4

文本链接广告在互联网营销中占有重要的位置，其最基本的形式是以关键词的形式显示，例如在一篇体育资讯文章中出现“NBA球队联赛——体验高端篮球文化”的链接，这个链接即是一条文本链接广告。关键词是链接广告的一个重点，通过合理的关键词匹配，可以实现自然流量导入以及精准的点击转化。

③电子邮件广告：广告特定用户邮箱发送特定的广告，类似于直邮广告，具有针对性强、信息量大、费用低等特点。

④关键词广告：关键词广告是指显示在搜索结果页面的网站链接广告。简单来说就是产品的广告会提供一些关键词，当用户使用搜索引擎网站搜索关键词时，在检索结果页面出现与该关键词相关的广告。由于关键词广告是在特定关键词检索时才出现在搜索结果页的显著位置，具有针对性强、效果明确、成本较低的特点，被称为性价比较高的网络推广方式。

⑤弹出式广告：访客在请求登录网页时强制插入一个广告页面或弹出广告窗口。大多数浏览者无意点开，会立即关掉。广告商们之所以对这种新颖的广告方式情有独钟，是因为它可以迫使广大网民不得不浏览其广告内容，从而获得较好的广告效果，如图5-5所示。

⑥画中画广告：画中画广告发布在每篇文章中，面积较大，表现内容较为丰富，浏览者在阅读文章的同时可以阅读到该广告，具有较好的宣传力度，如图5-6所示。

⑦富媒体广告：富媒体广告也称流媒体广告，一般指使用浏览器插件或其他脚本语言等编写的具有复杂视觉效果和交互功能效果的网络广告形式，是基于富媒体技术的一

图5-5

图5-6

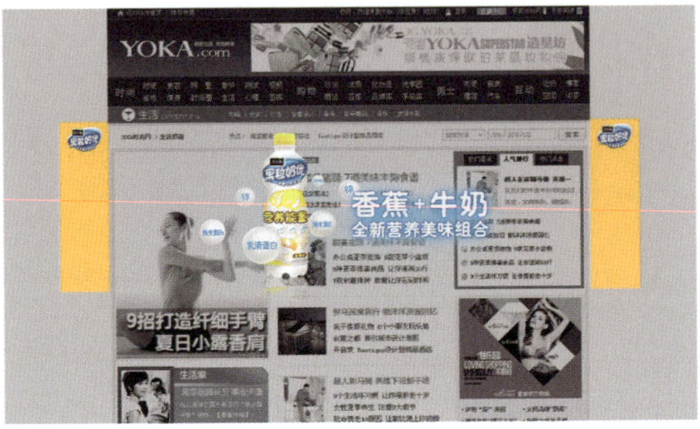

图5-7

种新的互联网广告形式。它的特点就是利用富媒体技术把大K数的广告文件（视频广告片、Flash广告等）通过在大流量的门户网站流畅地播放，且具有网络强互动的优势，从而达到强曝光、高点击的效果，如图5-7所示。

⑧赞助广告：广告主可对自己感兴趣的网站内容或栏目进行赞助，或在特别时期（如奥运会、世界杯期间）赞助网站的推广活动，具有发布时间长、信息独享性等优势，如TCL赞助搜狐世界杯频道，如图5-8所示。赞助通常不以点击率计算，一般以赞助时间为计算单位。

图5-8

（3）网络广告的投放渠道

广告主如何通过Internet发布企业广告。从目前来看，一般有以下几种方式，企业可以根据自身的需求进行选择。

①门户网站：一些主流门户网站如新浪、搜狐等日访问量大，权威性高，在树立品牌形象、提升品牌价值方面起到了重要的推力作用，成为主流的广告投放渠道。

②官方网站：建立官方网站，对企业来说是必然趋势。这不仅有助于企业树立形象，也是宣传产品的良好工具，无论何种网络广告，归根到底是要快速链接至公司主

页。随着电子商务的发展，许多企业还把官网当成了重要的销售渠道，如小米手机在上市之初就采用了官网预定销售的策略。

③视频网站：优酷、土豆、乐视等视频网站的出现为受众提供了更多的娱乐体验，也成为消费能力较强人群的会聚地。各大运营商根据自身播放频道内容的特点分析受众特点，从而为品牌定向投放广告提供策略指导。

④社会化媒介：网民彼此之间用来创作、交流、分享意见、见解、经验和观点的虚拟社区和网络平台。从基本形式看，社会化媒介包括微博、微信、博客、播客、论坛、社交网络、维基、内容社区等。社会化媒介的影响正与日俱增，其网络广告形式也不断创新、丰富。比如众多企业与新浪微博平台合作开展推广活动，直接向粉丝发布推广信息（使用产品的感受、参加活动的体会等），通过其他用户的转发向更多的用户传播。

5.2.2.2　手机广告媒介

手机媒介成为继报刊、广播、电视、互联网之后充满活力的“第五大媒体”。手机用户范围不断扩大，手机媒体传播效果也不断延伸。手机媒介是以手机为视听终端、手机上网为平台的个性化即时信息传播载体。手机最初的功能是语音通信和文字短信，在完成人际沟通作用的同时，也成为人们获取信息和享受娱乐的终端工具。

（1）手机广告媒介的特点

手机广告媒介即时性强、价格低廉。与传统媒介相比，手机广告信息制作快捷，发布随时随地，性价比高，特别是现代智能手机和5G网络的技术保障，让每个人都可以成为广告主。

①受众明晰，精准传播：每个手机号和特定的受众绑定在一起，便于广告主掌握消费者的行为，细分目标族群，进行有针对性的分众化传播。由于信息发布针对性强，受众对广告信息不会产生抵触情绪，广告价值容易实现。

②互动性强，增强黏度：手机广告具有非常好的互动性，如果广告足够有创意，消费者能够马上回复，还会愿意转发给自己的好友，本身延长了消费者与广告的接触时间。广告主可以利用互动性强的特点进行广告促销活动设计。现今许多广告主利用朋友圈营销，让消费者将广告信息转发到朋友圈，用点赞送券等方式来扩大影响力。

③伴随性强，影响持久：手机具有强烈的个人属性和便携性，这让受众对手机产生了亲近感和依赖感。每天把手机带在身边，有许多人甚至24h不关机，这种影响是全天候的、实时的。

④可达性强，易于评估：在完全掌握目标受众号码的基础上，手机广告的到达率和阅读率几乎为100%，广告主可通过互动的量化跟踪和统计监测广告效果。

⑤监管困难，侵犯隐私：目前移动媒介广告市场监管难度较大，出现了大量骚扰型、诈骗型广告信息，让消费者对广告的诚信表示怀疑，还有一些未经同意就传输的广告信息，侵犯消费者隐私，消费者对此甚为反感。随着手机号实名制，相信这些情况会

得到改善。

（2）手机广告媒介的类型

①短信类广告：短信类广告包括短信广告和彩信广告。短信广告最为普遍和简易，成本也最低，如图5-9所示。短信广告要靠内容取胜，不然就会沦为没有价值的垃圾广告，因而在设计短信广告文案时可以增加实用性和趣味性，让广告资讯化、软文化。同时，可根据手机广告内容选择恰当的投放时间，如在11：00～13：00可以投放餐饮信息，20：00～22：00投放娱乐资讯。

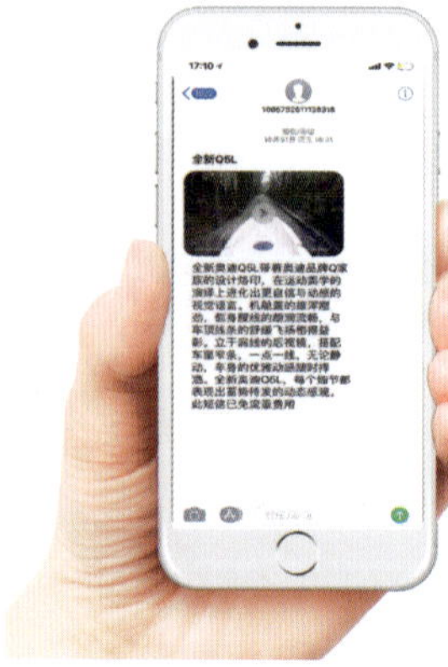

图5-9

②彩铃广告：彩铃广告是以手机用户为载体，以手机用户的主叫方为受众的一种广告传播方式。目前，彩铃广告业务主要集中在集团彩铃方面，普通用户的彩铃还没有广泛应用到商业。

③WAP广告：WAP就是手机直接上网，企业建设WAP站点，在手机无线应用协议上进行投放，进行广告推广，实质上就是互联网广告在手机终端的一种实现和延伸。WAP广告通常放置在页面顶部或者底部，一般是在WAP页面刚进入时进行展现。通过针对性投放和优化广告创意等方式，可以提高广告投放效果和投资回报率。

④嵌入式广告：手机嵌入式广告是一种以用户为中心的广告形式，通常是在应用程序中进行投放，通过嵌入式广告技术将广告内容无缝地嵌入到应用程序中，使之与应用程序的功能融为一体，自然地融入用户的体验中，使得用户在使用手机的过程中不会被广告所打扰，接受与广告相关的信息，并且很难被用户识别出来。嵌入式广告包括两种，一种是广告主与手机厂商合作，在手机出厂前将广告直接置入手机终端，形式包括屏幕备选图案、视频片段、手机铃声、电子书、游戏等。另一种是将广告嵌入手机的应用程序中，如图5-10所示。

⑤微信广告：广告主基于微信公众平台，通过各种形式向消费者提供商品、服务及企业相关信息，以达到扩大知名度、促进实时购买的目的。这是近几年涌现出来的新的广告形态，品牌可以开展个性化互动，实现人与人的实时沟通，提供更加直接的互动体验，如图5-11所示。

图5-10

图5-11

（3）手机媒体广告的发展趋势

①探索多元化的精准营销模式：手机媒体广告主可与运营商合作，获取目标消费者的用户资料数据，加上自身通过互动营销、手机定位、跟踪用户行为等方式得到的数据，形成动态数据库，向特定受众群体进行信息传送。例如，某手机应用开发公司想要推广他们开发的健身App，采用定位广告投放精准营销模式：根据用户数据分析的结果，选择在健身类App、健身网站、健身社交平台等与健身相关的手机媒体渠道投放广告，以确保广告能够精准地触达目标受众。

②广告植入手机终端及应用软件的趋势明显：手机选择本身从功能、价格等方面可以细分出不同的消费族群，比如商务手机、年轻人的手机等，据此可以判断出用户的消费习惯、兴趣爱好等生活形态，因此在出厂前品牌可与生产商合作，预先嵌入一些广告信息，吻合目标客户需求。例如，可嵌入一些热播电影大片的片花、最新专辑的MV（音乐短片）、图书的试读电子版等，消费者由此可以获得更多消费体验。

随着智能手机的普及，人们会在手机上下载更多的应用软件来满足个性化的需求，例如苹果手机的软件系统App Store在上线的6个月内，其下载量就突破了5亿次，超过15000种软件，获得3亿多美元。参加软件开发的技术人员在应用程序中嵌入广告，既为广告创造了有效的传播载体，也能降低应用程序的开发成本，有助于业务开发和市场推广。一些商家看到了其中的广告商机，纷纷在热门软件中投放自己的广告。

5.3 选择媒体方案

将充满创意的广告信息准确地传达给受众，需要一个传播通道，作为广告信息的载体和传播渠道，广告媒体对于广告的作用，决定了广告信息所能到达的顾客群及其传播效果。在广告活动中只使用一种媒体的情况比较少，多数情况下，需要调动多种广告媒体共同发布、协同作战、制造声势。一般说来，在广告发布过程中，主要包括单一媒体策略、媒体组合策略和媒体覆盖策略等形式。

（1）单一媒体策略

单一媒体策略是指只选择运用某一种媒体作为传播广告信息通道的方案。例如只运用杂志媒体或者单独运用电视或广播媒体等。单一媒体策略指选择一种媒体作为发布广告信息的渠道。单一媒体一般覆盖面比较狭窄，难以触及目标受众，所以一般情况下使用效果不是十分理想。单一媒体策略主要是适应一些财力不足的小企业或大中型企业的短期内的需求。

（2）多媒体组合策略

媒体组合策略是广告媒介发布主要运用的一个策略，是指在同一时期内，选用两种或两种以上的媒体传播广告信息内容基本相同的方法。与单一媒体运用相比，两种或多种媒体交错配合使用，同时展开广告宣传，可以加强媒体各自优势，弥补不足，发挥媒体的最佳效果，产生出乎意料的良好效果。

（3）媒体覆盖策略

媒体覆盖策略是指充分发挥各式各样的众多媒体的优势与特长，科学有效地构成多层次、全方位、立体式的广告宣传网络。这种媒体组合气势恢宏，耗资巨大，效果最佳，符合整合营销的传播理念。

5.4 媒体方案评估

为了精心选择广告媒体，减少广告计划制定过程中的偏差、失误，必须对广告媒体方案进行充分严格的分析与评价。媒体方案评估的主要内容包括3个方面。

（1）效益分析

确定媒体方案前，必须充分考虑方案的可行性。所谓可行，也就是符合广告的最终目标，取得最理想的经济效益与社会效益。对经济效益的分析，应从广告投资额度与促销效果彼此间的比较中得出结论。

（2）危害性分析

广告是超越时间与空间的信息传播，是一种负有责任的信息传播，对社会有着重大影响。对媒体方案进行评估，必须具有风险意识，着力分析评价方案实施后可能造成的危害与不良影响。

（3）实施条件分析

实施条件分析主要是指对实施媒体方案时可能遇到的麻烦或阻碍等客观棘手情况的分析。发生类似问题大致有两种可能：一是媒体经营单位的广告制作水平或传播信息的能力低下，并不具备圆满完成媒体方案的传播任务；二是客户（或广告代理）与媒体经营单位的关系紧张，媒体经营单位不愿意承担客户委托的任务。

5.5 广告媒体选择的方法与步骤

5.5.1 媒体选择的方法

广告媒体选择的方法很多，通常有以下几种方法。

（1）按目标市场选择

任何产品均有其自身特定的目标市场，因此，在目标市场已经明确后，广告媒体的选择即可紧紧瞄准这个确定的目标市场进行分析定夺。若以全国范围为目标市场，就应在全国范围内展开广告宣传，媒体的选择应寻求覆盖面大、影响面广的传播媒体。若以特定细分市场为目标市场，则此时考虑的重点是传播媒体能够有效地覆盖与影响这一特定的目标市场。

（2）按产品特性选择

不同产品适用于不同的广告媒体，因此，应按产品的特性慎重选择广告媒体。一般说来，印刷类媒体适用于规格繁多、结构复杂的产品；色彩鲜艳并需要进行产品性能演示的产品最好运用电视媒体。硬性产品（工业产品）多属于理智型购买品，若技术性较强，则宜选择专业杂志、报纸等；若技术性一般，可选择电视和一般报纸、杂志。软性产品（生活消费品）多属于情感型购买品，那么它就适宜选择广播、电视、报纸、杂志等媒体。

（3）按产品消费者层选择

一般来说，软性产品均有其较为固定的消费者层，即特定的使用对象，因此，广告媒体选择应根据其目标指向性，确定消费者层喜欢的媒体。例如一种新型美容系列化妆品的广告，其使用对象是女性，主要购买者是青年女性。根据这一特性，就可以选择年轻女性最喜欢的传播媒体来发布该产品的广告。

（4）按记忆规律选择

广告是间接推销，人们接受了广告，由于时间与空间的原因，一般不会听了广告就立刻购买，而需经过一定时间之后才付诸行动。因此，广告应该按照记忆原理，不断加深与强化消费者对广告产品的记忆与印象，并起到指导购买的作用。如果广告产品在全国范围内销售，那么，不仅要选择全国最有影响的报纸、杂志、广播与电视媒体，还应认真考虑其传播广告信息的连续性，达到强化消费者对广告产品记忆的目的。

（5）按广告预算选择

按照广告主投入广告成本的额度进行媒体的选择。不同广告主的广告预算不同，这就决定了对广告媒体的选择必须量力而行。广告主在推出广告前必须对选择的媒体价格进行精确的测算：如果广告价格高于广告后取得的经济效益，当然就不选择高价格的广告媒体。

（6）按广告效果选择

广告效果是一个复杂的问题。一般来说，在选择媒体时应坚持选择投资少而效果好的广告媒体。

（7）按提高知名度目标选择

提高企业或产品的知名度与影响力，不在乎产品在短期内销售了多少，而在于产品未来的影响力。它并不要求广告即刻促使消费者购买商品，而要求广告能使消费者对企业或产品产生好感，建立对企业或产品的信任感。这种选择方法可以考虑在中心城市的广播电视、大型报刊、户外广告及公益赞助活动等形式，以此引起公众的注意，提高企业知名度与影响力。

5.5.2 媒体选择的步骤

明确了广告媒体的选择方法后，还涉及一个运用此方法如何进行选择的程序步骤问题。具体选择媒体一般要经过4个步骤。

（1）确定媒体级别

确定应采用哪类媒体，如究竟应在广播、电视上做广告，还是在报纸、杂志上做广告等。这是具体选择媒体的第一步。在这一步，主要从4个方面进行分析：

①各类媒体的费用档次：凡是广告预算无法支付的媒体就应该从考虑范围中划掉。

②同类媒体的优缺点比较：根据广告的需要看媒体各自的优劣长短。

③与以前广告的衔接问题：若本次广告活动所采用的媒体同前几次一致，则容易产生积累效果。

④广告竞争问题：考虑所采用的媒体能否同竞争对手的广告攻势相抗衡，以配合企业的整体竞争战略。

（2）确定具体媒体

在已选定媒体类别中，选择一个或几个适合本次广告活动需要的具体媒体，进一步落实媒体计划。例如，已经确定将要采用报纸类的媒体推出广告，需要在这一步做的工作就是应该确定是在一般性报纸还是专业性报纸上推出广告。若是一般性报纸，那么是全国性的还是地区性的等。这里应格外注意媒体的针对性、覆盖率及可行性。

（3）确定媒体组合原则

一般来说，一次广告活动不会只在单一的媒体上推出广告，而应利用多种媒体推出。由于广告活动的目标是统一的，因此，在不同媒体上推出的广告必须相互协调，其效果可以配合起来。在协调不同媒体时需要有一套媒体组合原则，制定媒体组合原则时需考虑的问题有：一是“面”，即如何包括所有目标市场的消费者；二是“点”，即媒体影响力集中点的恰当选取。

（4）进行媒体试验

媒体方案一旦确定下来，很可能就在几个月甚至几年内保持不变，以便积累对消费者持续性的影响力。因此，为了保证所采用的媒体方案行之有效，最好是在正式启用之前对其进行一次试验。试验方法是，在选定并做好组合的媒体上，小规模地推出广告，然后调查目标市场消费者的反应，由此判断此套广告媒体方案的效果。

应用案例

为了加强广告传播与营销效果，需要选择多种广告媒体来传播信息，并对这多种媒体进行有机组合。1964年，福特汽车公司推出的新产品“野马”轿车，取得了轰动一时的成功，两年内为福特公司创造了11亿美元的纯利润。当时，购买“野马”轿车的人在美国打破了历史纪录。在不到一年的时间里，“野马”轿车风行整个美国，各地还纷纷成立野马车会。为什么“野马”轿车会如此受人欢迎？这与其独特周密的营销策划是分不开的。

在新型车问世之前，福特汽车公司邀请了54对夫妇到汽车厂，请他们对新型车发表评议。在这些人中，有收入比较高的，也有收入较低的。当54对夫妇对新型车发表感想之后，发现白领阶段的夫妇非常满意“野马”的车型，而蓝领工人则认为车很好，但买不起。于是最后，“野马”轿车的售价为2368美元。

价格确定之后，下一步就是广告宣传活动。福特公司在正式推出“野马”轿车之时，采用了多种多样具有轰动效应的促销手段，真可谓奇招迭出，一鸣惊人。他们邀请了报界100多名新闻记者，组织他们参加“野马”轿车大赛。从表面上看，这是一次赛车活动，实际上，这是一次告知性的广告宣传活动。事后，有数百家报纸、杂志报道了“野马”轿车大赛的盛况，使“野马”成为新闻界的热门话题。

在新型“野马”轿车上市的第一天，2600家报纸用整版篇幅刊登了“野马”轿车广告，并在数家电视台播出广告短片。广告画面是：一部白色“野马”轿车在奔驰（图5-12）。大标题是“真想不到”，副标题是售价2368美元。福特公司还在全国15个最繁忙的机场和从东海岸到西海岸的200家假日饭店的门厅里陈列了“野马”。公司选择最显眼的停车场，竖起巨型的广告牌，激发人们的购买欲望。

果然，“野马”轿车一上市，便广受消费者的欢迎。

图5-12

工作任务实施

工作任务1

任务分配、资料搜集

（准备阶段）

· 学生工作手册 ·

工作情景描述：广告媒体战略是为媒体活动制定明确的方针战略，是向消费者传达广告信息的中介物，是借以实现广告主与广告对象之间信息联系的工具，是对媒体选择、媒体组合、传播机会、传播目标、传播效果等，做出明确、原则性的规定，保证企业广告达到预定目标。本任务内容的组织是以广告设计公司典型的工作任务为逻辑起点，为完成广告运作全过程所需的技能、知识、态度要求而设计。

本工作任务是上一项目工作任务的延续，根据广告策划书内容，“设计广告媒体策略”。项目负责人开始承担推进项目的职责，根据说明会备忘录确定的原则，制订可行性的项目推动计划和作业准备。

学习目标

1. 素质目标

（1）培养学生从市场需求分析出发的设计思维。

（2）培养学生创新思维和实践应用能力。

（3）培养学生善沟通、能协作、高标准、重创意的专业素质。

2. 知识目标

（1）了解广告媒体策略的基础理论系统。

（2）了解广告媒体组合原则及组合方式。

（3）熟悉广告媒体策略的程序。

3. 能力目标

（1）具备工作中处理与各方关系的沟通能力。

（2）具有较强的团队意识和客户意识。

建议课时：4学时。

工作流程与活动

工作活动1：任务确立（1学时）。
工作活动2：讨论广告媒体方案（2学时）。
工作活动3：评价与总结（1学时）。
工作活动4：企业专家、客户在线指导（课后拓展）。

工作活动 1　任务确立

1. 活动思考

问题 1　讨论不同广告媒体的优势与局限性；总结不同类型的产品适用哪种广告媒体投放。

问题 2　分析广告媒体组合的重要性。

2. 思想提升

《论语·泰伯》中提到："兴于《诗》，立于礼，成于乐。"在任务中该如何理解这句话？工作任务该如何开展？

3. 工作任务确立

（1）确定媒体运作方案。

（2）确定媒体计划、媒体策略组合、发布时机、媒体预算等。

（3）小组进一步讨论，并对广告媒体策略方案达成一致意见。

（4）评估与总结。

工作活动 2　讨论广告媒体方案

1. 活动思考

问题 1　不同媒体类型的广告，在设计制作时有什么要求？

问题 2　正确理解广告媒体分类与特征。

2. 思想提升

蒲松龄《聊斋志异·阿宝》中提到："书痴者文必工，艺痴者技必良。"如何理解这句话？工作任务又如何开展？

3. 活动实施

<table>
<tr><th>活动步骤</th><th>活动要求</th><th>活动安排</th><th>活动记录</th></tr>
<tr><td rowspan="3">步骤1
构思讨论</td><td rowspan="3">通过线上、线下资料搜集，构思、讨论媒体计划、媒体策略组合、发布时机、媒体预算等，确定媒体运作方案</td><td>具体活动：文案草稿</td><td>照片、文案、记录表</td></tr>
<tr><td>具体活动：细节文案</td><td>照片、文案、记录表</td></tr>
<tr><td>具体活动：小组定稿</td><td>照片、定稿、评价表</td></tr>
<tr><td rowspan="3">步骤2
方案汇报与小组定稿修改</td><td rowspan="3">一种设计方案的设想，总是要通过不同的途径或方式，经过多次反复研究与讨论做出评价。评审可以用讨论的形式，也可以在确定目标的前提下由评审小组成员进行打分，评估方法有外观评价法、综合评价法等，以确定最佳方案。并将别人提出的正确意见或设计人员自己的新构想赋予设计方案，做必要的修正。使方案完全成熟，并做必要的修正（知识链接：设计表达）</td><td>具体活动：小组汇报</td><td>照片、记录表</td></tr>
<tr><td rowspan="2">具体活动：小组设计方案改进</td><td>文案改进</td></tr>
<tr><td>媒体方案改进</td></tr>
<tr><td>步骤3
设计方案制定</td><td>媒体策略方案确定</td><td>形成文案</td><td>PPT完成</td></tr>
</table>

4. 活动评价与总结

<table>
<tr><th>一级指标</th><th>评价内容</th><th>分值</th><th>自评</th><th>互评</th><th>教师</th></tr>
<tr><td rowspan="6">学习过程（60）</td><td>能够了解各媒体特征</td><td>10</td><td></td><td></td><td></td></tr>
<tr><td>确定媒体组合</td><td>10</td><td></td><td></td><td></td></tr>
<tr><td>能够确定媒体表现方案</td><td>10</td><td></td><td></td><td></td></tr>
<tr><td>能够制定合理的媒体策略</td><td>10</td><td></td><td></td><td></td></tr>
<tr><td>能够在规定时间内在线签到</td><td>10</td><td></td><td></td><td></td></tr>
<tr><td>能够规范地形成文案</td><td>10</td><td></td><td></td><td></td></tr>
<tr><td rowspan="4">作业得分（40）</td><td>分析创意点的准确性</td><td>10</td><td></td><td></td><td></td></tr>
<tr><td>创意和表现符合定位</td><td>10</td><td></td><td></td><td></td></tr>
<tr><td>小组成员合作情况</td><td>10</td><td></td><td></td><td></td></tr>
<tr><td>客户满意度</td><td>10</td><td></td><td></td><td></td></tr>
</table>

工作活动 3 评价与总结

1. 评价

一级指标	二级指标	评价内容	分值	自评	互评	教师
工作能力（60）	小组协作能力	能够从不同的角度提出问题，并考虑解决问题的方法	10			
	表达能力	能够正确地组织和表达文案的内容	10			
	创新能力	在小组讨论中能够标新立异，培养创新性	10			
		创新设计能力	10			
	实践操作能力	媒体策略整体规划能力	10			
		能够根据自己获取的知识完成工作任务	10			
作业得分（40）	岗位职业能力	分析资料所得定位的准确性	10			
		PPT制作规范	10			
		客户满意度	10			
		文案表述能力	10			

2. 总结

沟通表达能力	提升	
	不足	
结论报告情况	提升	
	不足	
能力达成情况	具备	
	欠缺	
改进措施		

工作活动 4 企业专家、客户在线指导

企业专家在线指导意见	
客户在线沟通	

工作任务2

广告媒体计划书

· 学生工作手册 ·

工作情景描述：广告媒体战略是为媒体活动制定明确的方针战略，是向消费者传达广告信息的中介，是借以实现广告主与广告对象之间信息联系的物质或工具，是对媒体选择、媒体组合、传播机会、传播目标、传播效果等做出明确、原则性的规定，保证企业广告达到预定目标。本任务内容的组织是以广告设计公司典型的工作任务为逻辑起点，为完成广告运作全过程所需的技能、知识、态度要求而设计。

本工作任务是上一工作任务的延续，根据广告媒体策略方案确定，“制定广告媒体计划书”。项目负责人开始承担推进项目的职责，根据说明会备忘录确定的原则，制订可行性的项目推动计划和作业准备。

学习目标

1. 素质目标

（1）培养学生从市场需求分析出发的设计思维。

（2）培养学生创新思维和实践应用能力。

（3）培养学生善沟通、能协作、高标准、重创意的专业素质。

2. 知识目标

（1）了解广告媒体发布时机。

（2）了解广告媒体组合原则及组合方式。

（3）熟悉广告媒体策略的程序。

3. 能力目标

（1）具备工作中处理与各方关系的沟通能力。

（2）具有较强的团队意识和客户意识。

建议课时：4学时。

工作流程与活动

工作活动1：任务确立（1学时）。

工作活动2：制定广告媒体计划书（2学时）。

工作活动3：评价与总结（1学时）。

工作活动4：企业专家、客户在线指导（课后拓展）。

工作活动 1 任务确立

1. 活动思考

问题 1　讨论不同广告媒体的优势与局限性，总结不同类型的产品适用哪种广告媒体投放。

问题 2　分析广告媒体组合的重要性。

2. 思想提升

《论语·学而》中提到："不患人之不己知，患不知人也。"在任务中该如何理解这句话？工作任务该如何开展？

3. 工作任务确立

（1）确定媒体运作方案。

（2）确定媒体计划、媒体策略组合、发布时机、媒体预算等。

（3）小组进一步讨论，并对广告媒体策略方案达到一致意见。

（4）评估与总结。

工作活动 2 制定广告媒体计划书

1. 活动思考

问题 1　移动终端广告媒体包括哪些？

问题 2　制定广告媒体计划书应该考虑的问题。

2. 思想提升

《论语·子张》中提到："博学而笃志，切问而近思，仁在其中矣。"在任务中该如何理解这句话？工作任务该如何开展？

3. 活动实施

活动步骤	活动要求	活动安排	活动记录
步骤1 初步设计	制定广告媒体计划书，PPT形式	具体活动：组织、整理计划书内容	文案PPT

续表

活动步骤	活动要求	活动安排	活动记录
步骤2 方案汇报与小组定稿修改	通过汇报、展示、评价，经过多次反复，最终呈现，完成工作任务	具体活动：汇报准备	汇报记录表
		具体活动：方案改进	方案改进

4. 活动评价与总结

一级指标	评价内容	分值	自评	互评	教师
学习过程（60）	确定媒体类型、媒体发布时机	10			
	能够根据前期方案做准确的方案内容表达	10			
	整体计划表现的创新性	10			
	能够制定合理的媒体策略	10			
	能够在规定时间内在线签到	10			
	能够规范地形成PPT	10			
作业得分（40）	制定广告媒体策略能力	10			
	设计创意和表现能力	10			
	小组成员合作情况	10			
	客户满意度	10			

工作活动3 评价与总结

1. 评价

一级指标	二级指标	评价内容	分值	自评	互评	教师
工作能力（60）	小组协作能力	能够从不同的角度提出问题，并考虑解决问题的	10			
	表达能力	能够正确地组织和表达文案的内容	10			
	创新能力	在小组讨论中能够标新立异，培养创新性	10			
		创新设计能力	10			
	实践操作能力	媒体策划书整体规划能力	10			
		能够根据自己获取的知识完成工作任务	10			

续表

一级指标	二级指标	评价内容	分值	自评	互评	教师
作业得分（40）	岗位职业能力	分析资料所得定位的准确性	10			
		PPT制作规范	10			
		客户满意度	10			
		文案表述能力	10			

2. 总结

沟通表达能力	提升	
	不足	
结论报告情况	提升	
	不足	
能力达成情况	具备	
	欠缺	
改进措施		

工作活动 4　企业专家、客户在线指导

企业专家在线指导意见	
客户在线沟通	

评价与总结

1. 评价

指标	评价内容	权重	自评	互评	教师	企业	客户
课前探学	线上作业完成情况	10					
	线上讨论情况	10					
	线上资料学习情况	10					

续表

指标	评价内容	权重	自评	互评	教师	企业	客户
课中任务	总结、分析能力	10					
	方案设计	10					
	广告媒体计划书完成情况	10					
课后拓展	企业专家满意度	20					
	客户满意度	20					

2. 总结

素质提升	提升	
	不足	
知识掌握	已会	
	不懂	
能力达成	具备	
	欠缺	
改进措施		

项目小结

广告媒体策略是指广告主为了达到特定营销目标而制定的广告投放方式和渠道选择。在制定广告媒体策略时，需要考虑目标受众、预算、竞争对手、产品特点等因素，以确保广告投放能够最大限度地实现营销目标。广告媒体策略的制定是一个综合考虑多方面因素的过程，需要不断优化和调整，以适应市场变化和目标受众的需求。

项目6

广告效果评估

导入案例

成功的宝洁　失败的润妍

宝洁公司，是世界较大的日用消费品公司之一。宝洁旗下共有六大洗发水品牌，20多个系列，包括飘柔、潘婷、海飞丝、沙宣洗发护发系列、润妍、伊卡璐等洗发护发用品品牌。在中国如鱼得水的宝洁不曾料到，竟然在耗费多种资源，花费长达3年时间进行市场调研和概念测试的润妍上栽了一个大跟头。1998—2000年，中国洗发水市场刮起了黑色旋风，而在世界范围领域，天然、环保的潮流愈演愈烈，成为未来主导的流行趋势，而这很可能使宝洁的洗发水走向穷途末路，面对这一局面，宝洁公司不得不正视这一块的市场，中草药和植物概念必须被引入到宝洁的品牌当中。

2000年，润妍终于等到了面世的一天，针对18～35岁女性，定位为“东方女性的黑发美”，润妍的上市给整个洗发水行业以极大的震撼，其包装、广告形象无不代表着当时中国洗发水市场的一流水准，如图6-1所示。为了更好地推广，宝洁公司专门建设网站进行网上和网下推广活动，成立了润妍俱乐部。在“润妍”网站，提供了从问卷询查、电视广告回顾、动画到美发科普等内容的系列推广。润妍问世后，宝洁公司还启动了两个令人印象深刻的公关活动：赞助电影《花样年华》和“周庄媒体记者东方美发秀”。但润妍推出的两年时间中，其市场表现却令宝洁公司上下感到失望。

图6-1

经过广告效果评估，资料显示，润妍在上市后的销售额在1亿元左右，广告费用约占10%。两年时间里，润妍虽获得一些消费者认可，但其最高市场占有率从未超过3%，这个数字不过是飘柔市场份额的1/10。

事实上，目标人群有误，失去需求基础，未突出新功能和配方，仅仅提供黑头发的利益，使购买诱因不足，也许是润妍最大的败笔。宝洁因为四大品牌的缘由，已经成为主导渠道的代表，但润妍作为一个新上市的旗下品牌，当然不具备这样的实力，思维定式造成的利益矛盾就十分明显了。

工作任务导入

工作任务要求	充分掌握广告效果评估的核心内容和评估程序，根据现实的市场变化，熟练运用评估方法。根据上一项目所做的广告策略方案，把其中的创意媒体运用及整体的策划思路，做一个关于广告效果评估分析总结报告。提高发现问题、解决问题的能力。同时培养认真负责的工作态度和耐心细致的工作作风
工作任务导入	本项目由一个工作任务组成，任务要求、形式及建议学时如下： 任务要求：明确任务书要求，确定案例，分析讨论实施，撰写广告效果评估总结报告。 任务形式：实施过程照片、视频、资料、总结报告。 建议学时：4学时。 工作任务：完成广告效果评估分析总结报告，4学时
工作标准	1．能够收集与分析相关信息。 2．初步具备制订工作计划并按计划顺利完成任务的能力。 3．具备工作中处理与各方关系的能力。 4．具有较强的团队意识和客户意识。 对接方式：广告效果评估理论、方法，搜集案例，分析总结报告，及对内小组成员合作

小组协作分工

课前 请根据班级人数，每组4～5人，按异质分组原则分组，协作完成工作任务，并在下面表格中写出小组内每位成员的专业特长与专业成长点。

组名	成员姓名	专业特长	专业成长点

知识导入

问题 1　想一想广告效果评估主要看哪几个方面。

问题 2　现实生活中接触过哪些成功案例或者是失败案例？举例说明。

知识准备

6.1　广告效果评估

（1）广告效果评估定义

随着市场竞争日趋激烈，各行各业日益重视广告在塑造品牌过程中所发挥的作用，广告效果评估是开展广告活动必需的一个环节，是整个广告经营活动的出发点和落脚点。广告人最为关心的，就是广告投放出去后的传播效果如何，成本收益状况如何，对受众的社会影响是好是坏。因此，对广告效果的评估监测是广告运营活动的重要工作环节。广告效果可以理解为广告信息传播出去之后对受众产生的所有直接或间接影响效应，也就是广告活动对信息传播、产品销售及社会经济等产生的各种影响作用。

（2）广告效果评估的意义

美国的百货业巨头约翰·沃纳梅克曾经抱怨："我认为我的广告费的一半是浪费的，但我并不知道是哪一半。"的确，每年各企业都会投入大量资金用于广告活动，但由于缺乏有效的广告效果评估，大多数企业对广告的投入显得有些盲目和无所适从。

广告效果评估是广告策划的最后一个环节，广告效果评估的研究对于企业正确认识广告的作用和效果、开发成功的广告、提高广告支出的效率、提升产品品牌形象、拉动销售等具有十分重要的意义。企业都非常希望了解通过媒体发布广告之后，目标消费群到底受到了多大程度的影响。通过广告效果评估，企业可以了解到消费者对广告活动的反映，包括广告主题是否明确、广告诉求是否准确有效、广告预算安排是否经济合理、媒体安排是否正确等信息。掌握了这些信息，广告主在广告活动前期和进行阶段，可以及时调整广告信息战略、媒介战略，提高对广告活动的监控能力，提高广告决策的科学性和广告活动的效率。在广告活动结束以后，又能客观公正地评价广告活动的综合成效，积累宝贵的经验和教训，为以后更好地制定广告活动战略提供正确的指南。同时，科学规范的广告效果评估也为客观公正的评价广告策划人员的工作绩效提供了依据。

6.2 广告效果评估指标体系

广告效果评估的基本思路是将广告活动的各项目标转化成可以测度的指标来进行评价和审查，每一项指标都是对某类目标受众对应于某一定时间内达成的具体的传播任务，以及由此所带来的销售量增长或品牌效果的提升，这些指标共同组成了广告效果评估指标体系。

广告效果可以分为传播效果、销售效果、品牌效果3个层面。广告的传播效果主要考察广告对消费者心理刺激和反应；销售效果主要从结果上反映广告效果；而品牌效果则显示广告活动发挥作用的渐进过程。广告活动对销售的拉动不是一蹴而就的，而是通过消费者的认知、理解和购买逐步实现的；品牌效果则是通过对广告的理解、判断和产品的使用间接形成的。这3个层面既相互关联，又相互独立，基本全面客观地反映了广告活动的整体效果。因此，广告效果评估的核心内容包括传播效果评估、销售效果评估和品牌效果评估3个方面的内容，如图6-2所示。

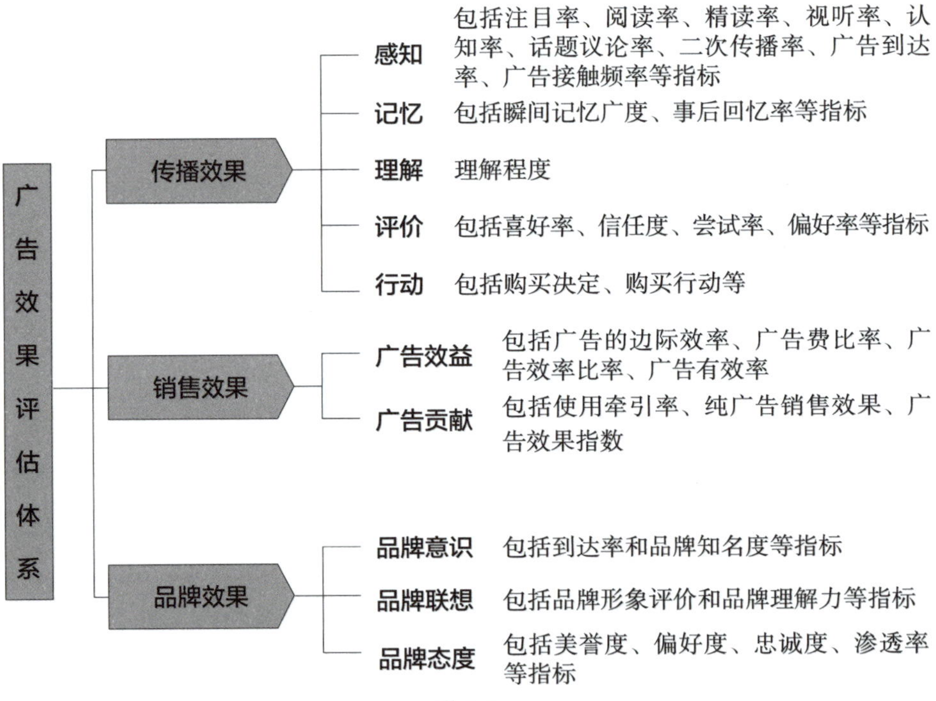

图6-2

（1）广告的传播效果评估

广告的传播效果是广告效果评估的关键内容。这是由于广告的传播效果最先产生、最好量化，而且对于大多数广告而言，良好的广告到达或接触效果，也是其最直接的广告目的。广告的传播效果也被称为广告的接触效果或心理效果，考察广告投放后对消费者所产生的各种心理效应。

广告活动作用于消费者而引起的一系列心理反应可以概括为以下过程：

感知→记忆→理解→评价→行动

那么，对应的评估指标有以下几方面：

①感知：注目率、阅读率、精读率是评价印刷媒体（如报纸、杂志）、显示媒体（如各类广告牌、海报）等平面媒体上的广告吸引消费者眼球和引起回忆的能力。视听率、认知率是评价广告在电台媒体上的传播效果，即吸引消费者耳朵能力的指标。

②记忆：包括瞬间记忆广度、事后回忆率等指标，这两个指标是针对广告的记忆度，即消费者对广告印象的深刻程度。

③理解：主要强调理解程度方面，通过对广告诉求点理解程度的分析，考察广告诉求设计与用户实际关心的信息点是否最大限度地契合。

④评价：即对产品的好感度，包括产品喜好率、广告/产品信任度、产品尝试率、产品偏好率等。

⑤行动：主要包括购买决定、购买行动等；购买决定是测定广告对消费者购买行为的影响，即了解消费者购买商品的行为是随意的还是受广告的影响。此指标还可细化为意外率、强化率、转化率，考察对象为广告期间发生了购买行为的消费者。

（2）广告的销售效果评估

广告的传播效果研究可以帮助广告主评估一个广告的直接传播效应，但无助于揭示其销售影响。广告销售效果评估是企业通过对广告活动后的销售数据、实验结果、店头信息等维度数据进行系统的收集和分析，以量化评估广告活动对产品或服务销售带来的直接影响及其投资回报的过程。广告主所期望广告活动达到的销售目标无外乎是提高产品的销售量和市场占有率，以及确定广告活动对销售量的增长和市场占有率提高所作的贡献。广告销售效果评估是一个综合的过程，销售效果评估的关键是选择可测度的评估指标。需要综合考虑销售数据分析、品牌知名度、购买意向、转化率、ROI等指标，以全面评估广告活动对销售业绩的影响和效果。通过科学的方法和有效的评估工具，广告主可以更好地了解广告活动的效果，优化广告策略，提升广告投资的回报率。广告的销售效果一般要在广告活动结束之后才进行评估。

（3）广告的品牌效果评估

随着品牌权益意识日益深入人心，对广告的品牌效果评估也成为广告主关心的重要问题。但不是所有的广告都能产生明显的品牌效果，品牌广告的品牌效果必然高于一般促销广告的品牌效果。而且，并不是所有广告的品牌效果都是积极的，一个拙劣的广告能对产品的品牌产生负面的效果。

消费者接触广告形成了不同的感觉、情绪和判断。这些感觉、情绪和判断会影响消费者对广告或产品的理解，进而形成对品牌的意识、联想或态度。所谓品牌意识，是指消费者通过接触到广告或产品而加深的品牌印象。而品牌的根本价值常在于其联想的集合，即对消费者的利益和价值，联想常常代表着消费者决定购买的基础。这里形成的品牌联想是指再次强化了的差异化利益和价值。如提到海尔就会自然联想到海尔兄弟、星级服务、品质、真诚等。消费者是否因这种差异化利益和价值而产生或增加了品牌的忠诚和偏好就是品牌态度。单纯的促销广告，由于其主要目的在于传播有关产品的促销信息，从而鼓励和刺激消费者立即采取购买行为，其品牌效果一般止于品牌意识，即加深消费者对该品牌的印象，而不会形成品牌联想和品牌态度。因此，品牌效果主要从以下三方面来评估：

①品牌意识方面：主要包括到达率和品牌知名度、品牌识别率等指标。

②品牌联想方面：主要包括品牌形象评价和品牌理解力等指标。

③品牌态度方面：主要包括美誉度、偏好度、忠诚度、渗透率等指标。

应用案例

针对雅客V9糖果在中央电视台一套《天气预报》与《焦点访谈》节目间隙时段插播的广告效果进行了测评。

接触效果：有68.5%的受访观众表示对雅客V9广告有印象，这些受访者均观看了该时段的广告，如图6-3所示。

图6-3

记忆效果：尽管整体记忆效果较为一般，但仍有52.8%的受访者记住了广告产品是糖果，53.9%的受访者明确知晓品牌名为雅客V9。其中，女性观众对广告词的记忆率为61.5%，高于男性的44.7%，且20～39岁年龄段的记忆率最高。各广告构成要素的记忆深度排序为“人物”“情节”“场景”“广告词”“旁白”“服装”及“背景音乐”。其中，“情节”和“人物”对唤起观众对雅客V9广告回忆的作用最为显著，而“人物”和“广告词”在强化品牌记忆方面起到了关键作用。

理解效果：女性观众对广告诉求点的理解度超过男性，约44%的受访者理解了广告的核心信息——“补充每日所需维生素”。然而，受众对产品形象的认知排序为健康、青春、时尚、运动、快乐、创新和其他，与广告原定传达的品牌形象存在一定程度的偏离。另外，虽然74.8%的受访者认为周迅适合作为雅客V9的代言人，但也有近一半的否定意见。绝大部分受访者认为雅客V9产品适合年轻人食用。

态度效果：受访者对雅客V9广告的喜爱程度普遍一般，仅28%表示喜欢该广告，同时他们对广告的“吸引力”“客观性”和“趣味性”等因素的态度，直接影响了对广告的好感度。此外，对雅客V9品牌名称的喜爱度也不高，61%的受访者对此无明显感受，仅有28%表达了喜欢或非常喜欢。

行为效果：仅有15%的受访者表示对雅客V9产品具有强烈的购买欲望，并且对广告的喜爱程度对购买欲望的影响显著。尽管对产品拥有欲望能很大程度上驱动购买行为，但它并非决定性因素。同时，仅有15.2%的受访者表示可能会向他人推荐雅客V9产品。

基于以上结论，对于雅客V9维生素糖果广告的优化建议包括：改进广告剧情设计，明确广告核心诉求，精选和提炼广告语，以提升广告的整体效果和市场影响力。

6.3 广告效果评估程序

广告效果测评的全过程，它包括3个互相衔接、协调进行的步骤，即：调查准备—调查实施—分析总结。

（1）准备途径

确定要测定的广告效果的研究问题可从3个方面入手。

①调查者通过自己的观察、体验，去发现需要研究的题目，作为效果测评的目的。

②查阅文献，把握方向，了解现状，以个人爱好攻击一点。

③通过脑力激荡，和那些有经验的人讨论，吸取他们对于问题的看法，再提出自己所要研究的问题。

（2）拟定测评计划

所谓测评计划是对某项调查测评的组织领导、费用预算、人员配备、工作进度等做的预算谋划。一般来说，只有大型的效果评估才分别拟定方案和计划。通常一些内容较简单、范围较小的广告效果测评只拟定一个测评计划，再附上测评内容提纲即可。

（3）实施测评计划

实施测评计划通常分两步。

首先，对广告效果测评予以假设。假设的类型有描述性假设，如阅读率、视听众调查等；另一类是相关性假设，例如假设洋酒比国产酒对消费者的购买行为影响力大。假设的优点在于提供了研究方向，确定了评估标准。

其次，根据假设搜集资料。资料来源可分为原始资料和现成的二手资料。原始资料指调查人员通过实地调查得来的第一手材料。取得这部分资料将要投入大量的时间和金钱。方法一般有询问法、观察法和实验法。现成资料指本组织的内部资料和外部资料。在实际调查中应尽量组织调查人员搜集二手资料。如我们要研究的问题是“化妆品电视广告影响消费者产生购买行为的动机是什么？”第一步假设：假设“化妆品电视广告能使消费者产生情绪上的共鸣，是产生购买动机的主要原因"，对"化妆品电视广告""情绪上的共鸣""购买动机"等加以定义。第二步根据上面假设搜集有关资料。需要考虑的是搜集资料所使用的方法是用实验法、观察法、访问法、问卷法还是回单法？确定之后要考虑的问题是用什么工具记录资料，是录音机、观察表还是问卷表？

（4）分析总结

完成搜集资料工作后，便是伏案整理、分析结果，看它是否和原来的假设相符合。这个阶段的工作可分为以下几个步骤：

①整理资料：调查人员从四面八方搜集来资料，这些资料价值不等，真实性有待确定，需要系统整理。整理属技术性工作，包括分类、鉴定、编号、列表等。分类是按照调查提纲要求，以问题归类。鉴定包括对资料量的鉴定，如资料是否收集齐全，是否有重复或遗漏，是否有可比性等；也包括对资料质的鉴定，如资料的真实性是否有差错，数据和情况是否有矛盾。编号是指按页数编写顺序号，固定每份资料的排列位置。计算列表是把相关资料数据列成表格形式，以便对比使用。

②分析资料：运用整理出来的资料与数据，找出它们的内在联系，揭示资料所显示的意义，并从中得出合乎逻辑的实际结论，这就是分析资料。在分析过程中，可以运用各种统计方法，并制成统计表。广告效果测评中应用最广的统计方法是百分率分配的计算、频数分析的演算及相关系数的推算等。

③撰写测评报告：测评报告是广告效果分析、检验、评估过程中最后的书面陈述形式。它是测评广告效果最后阶段最主要的任务，是提高广告管理水平不可缺少的一个环节。

测评报告的结构多种多样，没有固定格式，通常都是由导语（开头、前言）、报告正文（主体）、结尾及附件构成。导语包括该次测评的目的，所研究的问题及其范围，测评的方法及步骤，测评的组织及人员状况。报告正文包括测评的时间、地点、内容及分析结果，各种指标的数量关系，所获资料与原来假设比较。结尾部分包括经验总结与问题分析，并提出自己的建议。附件包括样本分配、推算程序、图表等。

6.4 广告效果评估类型

①事前评估：指在广告活动实施之前，对广告策划方案、媒体效果等进行评价，通常对局部市场进行访问或实验。

②事中评估：指在广告活动实施期间随时了解受众反应，通常采用回函测定等方法。

③事后评估：指在广告活动结束后广告公司或广告主自己或委托评估机构，运用访问、统计、实验等调研手段，全面考核广告效果，是最常用、最普遍的广告评估活动。

6.5　广告效果评估办法

有了以上指标体系，就可以针对不同时期的需要，选择性地确定广告效果评估指标，有针对性地开展广告效果评估工作；指标测定的方法多种多样，包括直接评分法、询问法（电话访问、问卷访问、拦截访问、入户访问、回函调查）、实验室测试、组合测试等。可以通过与市场调查公司长期合作，开展全年持续的广告效果调查，包括事前调查以有效选择广告案、事中调查以及时调整广告发布的计划、事后调查以总结经验评估效果；也可通过多种与客户互动的渠道开展市场调查。例如，通过设立有奖调查热线进行调查；在报纸、宣传单、网站等宣传媒介上，刊登有奖调查问卷进行调查；在不同媒体上公布不同咨询号码或有奖调查热线，检查媒体的到达率；通过对客户来电咨询进行分析，得到客户信息等。

指标体系是一个全面衡量广告效果的指标集合，可通过单独运用指标体系中的某些指标从一个角度反映广告效果，同样也可以通过多个指标的综合分析或交叉分析反映广告效果，而指标本身也可以进行相互校验，以检查指标结果的准确性。每次的指标评估结果可直接反映即时广告效果，但指标体系更多的应用是通过长期、多次调查，并将结果进行前后比较分析，才能准确反映广告效果。所以广告效果评估工作是一个长期工程，需要对广告效果进行不同角度、不同时期、不同竞争对手之间的分析比较，才能充分发挥其价值，如图6-4所示。

当然，上述指标体系只是初步形成的模型，且尚未涉及对广告效果与其他营销传播要素的相关性研究，需要在以后的广告效果评估实践中不断积累经验，对其进行补充和完善。

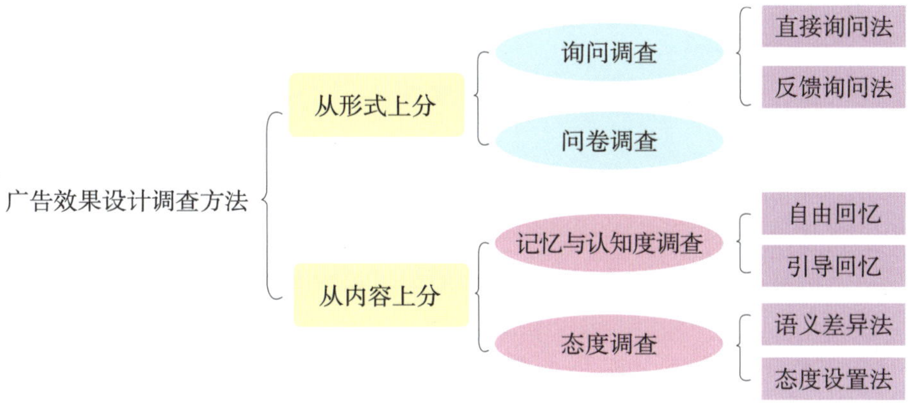

图6-4

知识链接

SICAS 模式是全景模型，是对 AIDMA、AISAS 模型的全面革新，用户消费行为模式变革。该模型的创新之处不仅在于精准描述了数字营销时代营销主客体间非线性、多点双向的营销行为机理，而且量化分析了消费者从产品品牌感知、消费兴趣生成、商家连接交互，到购买体验分享的全景式消费行为演进轨迹。通过对 SICAS 模型的有效应用，可以指导企业有效地开展营销活动，增强各营销环节的目的性，最大限度地挖掘、发展潜在用户。SICAS 模型内容：2011 年，中国互联网监测研究权威机构 DCCI 互联网数据中心基于长期、连续、实时地对网络消费者的行为追踪、消费测量、触点分析和数字洞察，提出了 SICAS 模型，在互联网 3.0 时代（智能互联网），SICAS 提供全面、精细化消费者行为模式，如图 6-5 所示。

图6-5

SICAS 模式包含以下 5 个方面：

①品牌与用户之间的互相感知。

②产生兴趣和互动。

③建立连接和互相沟通。

④行动购买。

⑤体验分享。

SICAS 模式是 DCCI 在数字营销环境到来之际提出的一个建设性的行为消费模式，是对 AIDMA 模式、AISAS 模式的全面革新和替代。

工作任务实施

工作任务
广告效果评估分析报告

· 学生工作手册 ·

工作情景描述：广告效果评估是广告策划的最后一个环节，广告效果评估的研究对于企业正确认识广告的作用和效果、开发成功的广告、提高广告支出的效率、提升产品品牌形象、拉动销售等具有十分重要的意义。本项目内容的组织是以广告设计公司典型的工作任务为逻辑起点，为完成广告运作全过程所需的技能、知识、态度要求而设计。

本工作任务是根据广告策略方案模拟制定“广告效果评估分析总结报告”。项目负责人开始承担推进项目的职责，根据说明会备忘录确定的原则，制订可行性的项目推动计划和作业准备。

学习目标

1. 素质目标

（1）培养学生从市场需求分析出发的设计思维。

（2）培养学生创新思维和实践应用能力。

（3）培养学生善沟通、能协作、高标准、重创意的专业素质。

2. 知识目标

（1）了解广告效果的涵义和意义。

（2）掌握广告效果测定原则和步骤。

（3）广告效果评估程序。

3. 能力目标

（1）具备工作中处理与各方关系的沟通能力。

（2）具有较强的团队意识和客户意识。

建议课时：4学时。

工作流程与活动

工作活动1：任务确立（1学时）。

工作活动2：制定广告效果评估分析总结报告（2学时）。

工作活动3：评价与总结（1学时）。

工作活动4：企业专家、客户在线指导（课后拓展）。

工作活动 1 任务确立

1. 活动思考

问题 1 广告效果测定的主要方向。

问题 2 广告传播效果的测定内容有哪些？

2. 思想提升

广告传播效果评估，应该改变以往纯粹从商业角度去评价广告效果的局限，关注广告的传播效果和社会效果，更要重视中华优秀传统文化在中国广告文化及传播中的发展和延伸。基于此，在任务中如何理解及如何开展？

3. 工作任务确立

（1）搜集广告策划案例。

（2）根据广告整体策划思路制定评估分析报告。

（3）小组进一步讨论，并对广告效果评估分析报告达成一致意见。

（4）评估与总结。

工作活动 2 制定广告效果评估分析总结报告

1. 活动思考

问题 1 广告效果测定的基本方法。

问题 2 广告效果测评的意义和应遵循的原则。

2. 思想提升

清代章学诚提到：“学必求其心得，业必贵于专精。”在任务中该如何理解这句话？工作任务该如何开展？

3. 活动实施

活动步骤	活动要求	活动安排	活动记录
步骤1 初步设计	搜集、学习案例，讨论分析报告	具体活动：组织、整理案例内容	报告、照片
步骤2 方案汇报与小组定稿修改	从商业角度评价广告效果的局限，更关注广告的传播效果和社会效果。通过汇报、报告展示、评价，经过多次反复，最终呈现方案，完成工作任务	具体活动：汇报准备	汇报记录表
		具体活动：报告改进	报告改进

4. 活动评价与总结

一级指标	评价内容	分值	自评	互评	教师
学习过程（60）	确定案例类型、评价方法	10			
	能够根据前期方案做准确的分析研究	10			
	整体计划表现的创新性	10			
	能够制定合理的评估程序	10			
	能够在规定时间内在线签到	10			
	能够规范地形成报告	10			
作业得分（40）	制定广告效果评估报告的能力	10			
	写作和表达能力	10			
	小组成员合作情况	10			
	客户满意度	10			

工作活动3 评价与总结

1. 评价

一级指标	二级指标	评价内容	分值	自评	互评	教师
工作能力（60）	小组协作能力	能够从不同的角度提出问题，并考虑解决问题的方法	10			
	表达能力	能够正确地组织和表达文案的内容	10			

续表

一级指标	二级指标	评价内容	分值	自评	互评	教师
工作能力（60）	创新能力	在小组讨论中能够标新立异，培养创新性	10			
		创新设计能力	10			
	实践操作能力	分析报告整体规划能力	10			
		能够根据自己获取的知识完成工作任务	10			
作业得分（40）	岗位职业能力	分析资料所得定位的准确性	10			
		PPT制作规范	10			
		客户满意度	10			
		文案表述能力	10			

2. 总结

沟通表达能力	提升	
	不足	
结论报告情况	提升	
	不足	
能力达成情况	具备	
	欠缺	
改进措施		

工作活动4 企业专家、客户在线指导

企业专家在线指导意见	
客户在线沟通	

评价与总结

1. 评价

指标	评价内容	权重	自评	互评	教师	企业	客户
课前探学	线上作业完成情况	10					
	线上讨论情况	10					
	线上资料学习情况	10					
课中任务	总结、分析能力	10					
	方案设计	10					
	广告媒体计划书完成情况	10					
课后拓展	企业专家满意度	20					
	客户满意度	20					

2. 总结

素质提升	提升	
	不足	
知识掌握	已会	
	不懂	
能力达成	具备	
	欠缺	
改进措施		

项目小结

广告效果评估是指通过科学的方法对广告进行评价和分析，以便于广告投放者了解广告活动的效果和效益。广告效果评估是一个持续的过程，需要在广告投放前、中、后进行监测和评估，以便于及时调整和优化广告投放策略，提高广告投放的效果和投资回报率。因此，广告活动中广告效果如何是最需要重视的问题，对广告效果的评估测定，则是广告运营活动必要和重要的工作环节。